井手將雪
Ide Masayuki

平原王墓に八咫鏡

日本は太陽《アマテラス》の国

―伊都国は日本最初の【伊の都】

のぶ工房

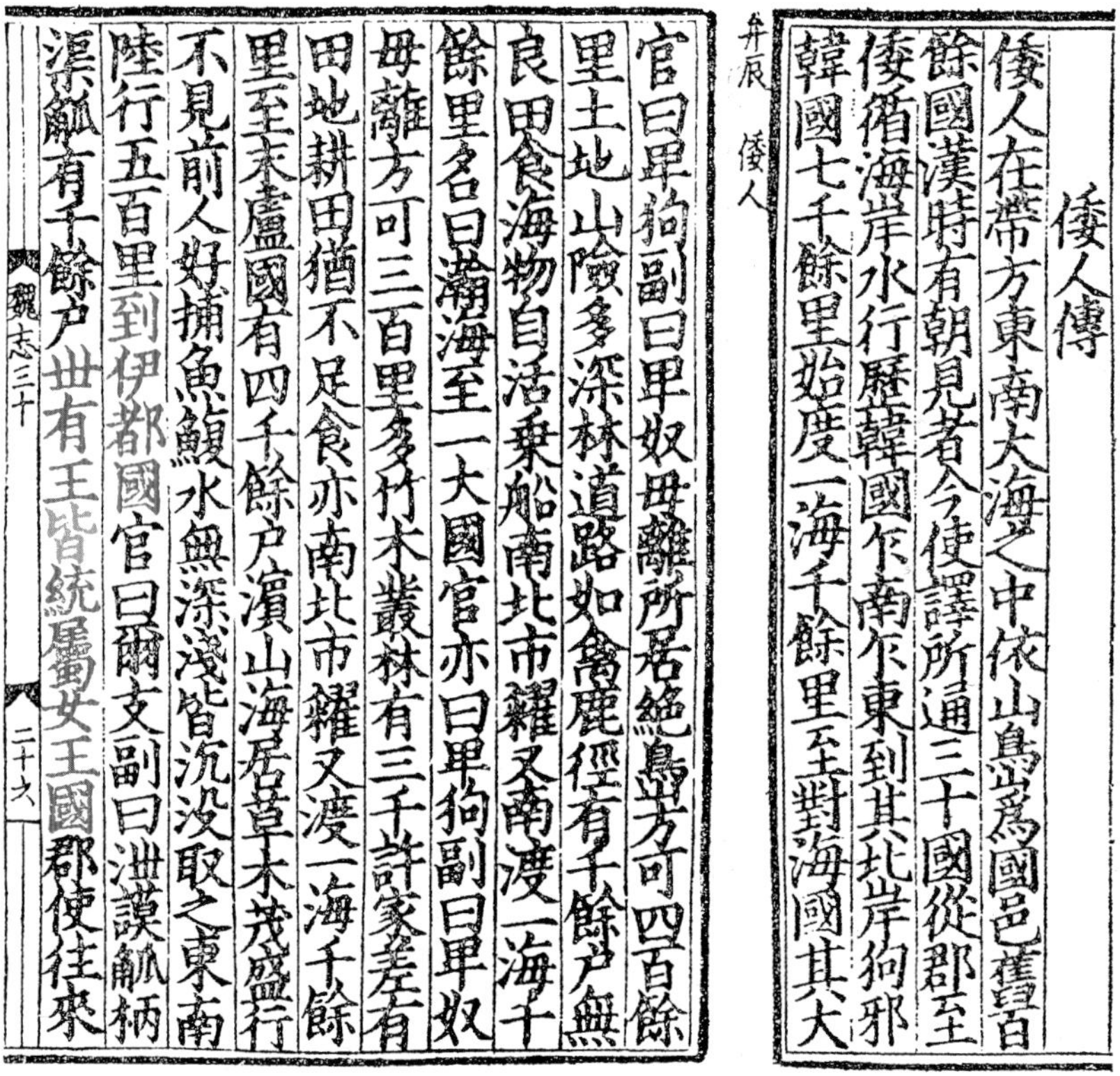
倭人傳

倭人在帶方東南大海之中依山島爲國邑舊百餘國漢時有朝見者今使譯所通三十國從郡至倭循海岸水行歷韓國乍南乍東到其北岸狗邪韓國七千餘里始度一海千餘里至對海國其大

弁辰　倭人

官曰卑狗副曰卑奴母離所居絶島方可四百餘里土地山險多深林道路如禽鹿徑有千餘戸無良田食海物自活乘船南北市糴又南渡一海千餘里名曰瀚海至一大國官亦曰卑狗副曰卑奴母離方可三百里多竹木叢林有三千許家差有田地耕田猶不足食亦南北市糴又渡一海千餘里至末盧國有四千餘戸濱山海居草木茂盛行不見前人好捕魚鰒水無深淺皆沈没取之東南陸行五百里到伊都國官曰爾支副曰泄謨觚柄渠觚有千餘戸丗有王皆統屬女王國郡使往來

魏志三十　二十六

『魏志』倭人伝 原本。「伊都国」の記述は左から二行目に始まり、本著書で検証されている「世有王皆統屬女王国」の文字が並ぶ。

日向峠から昇った太陽と王墓が一体となった勢いを望む［撮影：伊都国平原王墓保存会／2022.2.17］

八咫鏡・十一号鏡

内行花文八葉鏡（八咫鏡）一咫は八寸、後漢時代の尺（二・三センチ）で測ると、鏡の周囲が八咫あるという、日本最大の鏡である。同じ鋳型で鋳造されたのが四面出土している。福岡県糸島郡（旧伊都国）の中心部、平原の方形周溝墓に副葬されていた。二世紀中葉（弥生文化後期）の仿製鏡。

昭和四十九年十一月吉日

伊都国発掘調査指導委員長　原田大六　印

八咫鏡・十号鏡

故原田大六先生を偲んで

昭和五十九年ＮＨＫテレビで全国に放送された邪馬台国シリーズの中で、平原遺跡発掘の銅鏡について、先生が「八咫鏡」として説明されている場面を、天皇は大変興味深くご覧になられた様子で、宮内庁を通じ、天皇陛下が放送のビデオテープがほしいと、ＮＨＫ福岡局に要請があったため、正式に発送したこと、また、一般番組では異例中の異例という趣旨の書簡が先生のもとに届いています。日付は同年十一月九日になっています。

原田大六先生顕彰会

初盆会　昭和六十年八月十三・十四・十五日

日向峠から出た太陽が、平原に居た倭王の墓を照らす［2022.10.20］

まえがき

考古学者【原田大六先生】は、私の【恩師】である。

その【原田先生】から私は、「平原弥生古墳」出土品の取り持つ縁によって二十年間尊い教えを受ける事が出来た。

この原田大六先生の【重要な教え】は、次のとおりである。

1、どのような本でも、例え著名な辞書や辞典でも、正しい事と正しくない事も記録されている。

たとえば、先生の教えでも、そのまま鵜呑《うの》みにしてはいけない。そこを【君はどう考えるか】が大切である。

2、正しい成果を出すには、【原点】から始めてその後、【全体】を知る必要がある。全体を知るに

第１図　恩師、原田大六先生

しても台帳なしでは一片たりとも物を動かしてはならない。

3、全体を知るには、『古事記』や『日本書紀』の記録の中に、多くの【隠喩や比喩】が実在することを知らなければならない。

4、その古代の隠喩や比喩は、『万葉集』の【枕詞】を検証することによって、真実の内容を見いだす訓練が必要である。

5、全体を知って最後に歴史を完成させるには、【論理学】を忘れてはならない。

6、考古学者は、【敬称なし】で記録されるようになって、初めて専門家になるのである。　以上

◎　**本著書【日本は太陽の国】**

☆　である事の、実証。

第一に、日本国の【日】という文字の意味が【太陽】である。国旗の【日の丸】も【太陽】である。しかし、太陽は日本国だけの宝ではない。地球全体の宝である事を、絶対に忘れてはならないのである。

第二に、天を照らす大きな神である【太陽】の【日本】での名称は、【天照大御神《あまてらすおおみかみ》】である。

◎　この、天照大御神の【御霊代《みたましろ》】は、【八咫鏡《やたのかがみ》】である。

☆　この、八咫鏡の【原点】は、【伊都国】の平原弥生古墳に実在する「八咫の寸法ある大きさ」の、【八咫の鏡】である。

と私は、恩師原田大六から教えられている。その【八咫鏡】が、日本最初の【伊の都】――平原弥生古墳に【八咫の鏡・四面】が副葬されていたのである。この【伊都国】と【八咫の鏡】を【原点】にして、考古学者【原田大六】より教わった六項目の重要な教えを基本にして、真剣に【日本国家の起原】の【全容】を検証する事にしたのである。

◎　**【嬉しい報道と、悲しい現実】**

◎　そして、【本著書】を編集している最中に、大いに嬉しい報道があった。しかし、喜んでばかりはいられない、悲しい現実をも見せられたのである。

1、その報道とは、令和四年八月二十五日木曜日【西日本新聞】朝刊の21面全部の報道記事である。そこには、［伊都国の王たち大陸と交流］と大書され、副題目には、写真入りで［市立歴史博物館に国宝ずらり］と書かれて、平原弥生古墳出土【国宝】の、【鏡と玉類】の副葬品が紹介されている。中段の見出しには［太古のロマンを実感］の文字と共に、平原弥生遺跡の旧と現在の写真があり、それに加えて、三雲南小路遺跡の写真があって、その写真には、［三雲南小路遺跡―発見二〇〇年で催し］、九州国博で二十七・二十八日に鏡「鋳造体験」も、の記事がある。その右には、九州国立博物館の文化交流展示室では九月十九日まで平原遺跡に焦点を当てたコーナーで国宝の銅鏡などを展示している。これも写真入りで紹介されている。

2、私は、この【西日本新聞】の報道記事を見て、久し振りに心の晴れる嬉しい気持ちで、隅から隅まで何回も何回も眼を通して、読んでいる内に、段々悲しくなったのである。

3、その悲しい理由とは、

①平原弥生遺跡に副葬されていた、国宝の大鏡が【八咫の寸法有る大きさの八咫の鏡】である事が、一つも触れられていないことである。

この【八咫の鏡】の論文は、昭和四十一年に原田大六著『実在した神話』の中で、鏡の大きさについて発表されている。

その内容は、

◎後漢の学者許慎の『説文解字』に

「咫　中婦人手長八寸謂二之咫一周尺也」

とある。「咫…中婦人の手の長さで、八寸、これを咫という。周尺である」

◎原田大六は、この資料を基本にして、検証した結果、

「伊勢神宮の八咫の鏡と平原弥生古墳出土の大鏡は、寸法・文様ともに食いちがったところを見受けないのである。」と

◎原田大六著『実在した神話』の166ページで発表されているのである。

その後の【八咫の鏡】の記録1

◎昭和五十五年十月二十一日

☆九州大学長　神田慶也より、原田大六先生宛ての手紙の内容の一部を紹介する、その内容とは、

「十月三、四日は七大学長会議を九大で当番主催北海道、東北、東京、名古屋、京都、大阪の大学長が九大に集まりました。頂戴した銅鐸への挑戦を紹介し【八咫の鏡】の宣伝をしておきました。諸沢文部次官にも同様にいたしました」と毛筆で記録されている

その後の【八咫の鏡】の記録2

◎故原田大六先生を偲んで

昭和五十九年ＮＨＫテレビで全国に放送された邪馬台国シリーズの中で、平原遺跡発掘の銅鏡につ

いて、先生が「八咫の鏡」として説明されている場面を、天皇は大変興味深くご覧になられた様子で、宮内庁を通じ、天皇陛下が放送のビデオテープがほしいと、ＮＨＫ福岡局に要請があったため、正式に発送したこと、また、一般番組では異例中の異例という趣旨の書簡が先生のもとに届いています。日付は同年十一月九日になっています。

初盆会　昭和六十年八月十三・十四・十五日

原　田　大　六　先　生　顕　彰　会

その後の【八咫の鏡】の記録3

◎平成三年十一月三日　平原弥生古墳発掘調査報告書発行

☆『平原弥生古墳　大日孁貴の墓』（上下巻）

著者　原田大六

編者　平原弥生古墳発掘調査報告書編集委員会

委員長　神田慶也

発行人　久本三多

◎この、平原弥生古墳発掘調査報告書には、【著者】も編集委員として参加し、【八咫の鏡】に関係する事柄も、微に入り細にいり記録して発表している。是非この報告書を見て読んで理解して頂きたいと、念願する者である。

◎遺跡・遺物・副葬品のことは、その【発掘調査報告書】が【原点】である。皆さん、何時でも、【発掘調査報告書】が遺跡・遺物・副葬品の内容を知るための【原点】である事を忘れないでいてほしい。

【本著書】では、今までに、何回か発表している事柄も含めて、日本国家の起原の歴史を、是非知って貰える様に、手を変え品を変えて発表することにした。

◎なお、【本著書】の文中には、井手將雪（以後は【著者】と記す）の気持ちを伝えたいがために、記号の（【】・◎・☆・＊・［］・⊛）等の印《しるし》を使っている。

◎これ等の印は、【本著書】を最初に読まれるときには、邪魔《じゃま》になると思われるかもしれないが、【著者】は、七十四歳で大学に入学し、教科書の内容を知るためにこれ等の印の代わりに重要な箇所には色付けをして、教科書の内容を理解しながら七十九歳で卒業することが出来た。その体験によって【本著書】では色付けの代わりに、（【】・◎・☆・＊・［］・⊛）等の印を多用することにした。読む回数を重ねると、その効果がわかってもらえると思う。

令和四年十月

井手將雪

目次

第一章　『魏志』倭人伝の【伊都国】

一、糸島の【伊都国】に到るまで

◎【日本国】の古代の名称は、【倭国】である。この倭国が記録されている中国正史の『三国志　魏書』巻三十　烏《う》丸《がん》鮮《せん》卑《ぴ》東夷《とうい》伝中《でんちゅう》倭《わ》人条《じんのじょう》の歴史書を略して、

※『魏志《ぎし》』倭人伝《わじんでん》と呼んでいる。その『魏志』倭人伝の中に、【伊都国】の記録がある。

◎しかし『魏志』倭人伝には、正しい事と正しくない事も記録されている。その正否について総ては検証しないで、【本著書】では、主に【日本国家の起原】に関係する事を検証して行くことにする。

※『魏志』倭人伝では、【伊都国】に到るには、

※倭の北岸、狗耶韓国《くやかんこく》から、海を渡って「對島国《つしまのくに》（現長崎県）に至る。又海を渡って一大国（現長崎県）に至る。又海を渡って末盧国《まつろのくに》（現佐賀県）に至る。東南陸行して【伊都国《いとこく》】（現福岡県）に到る。」

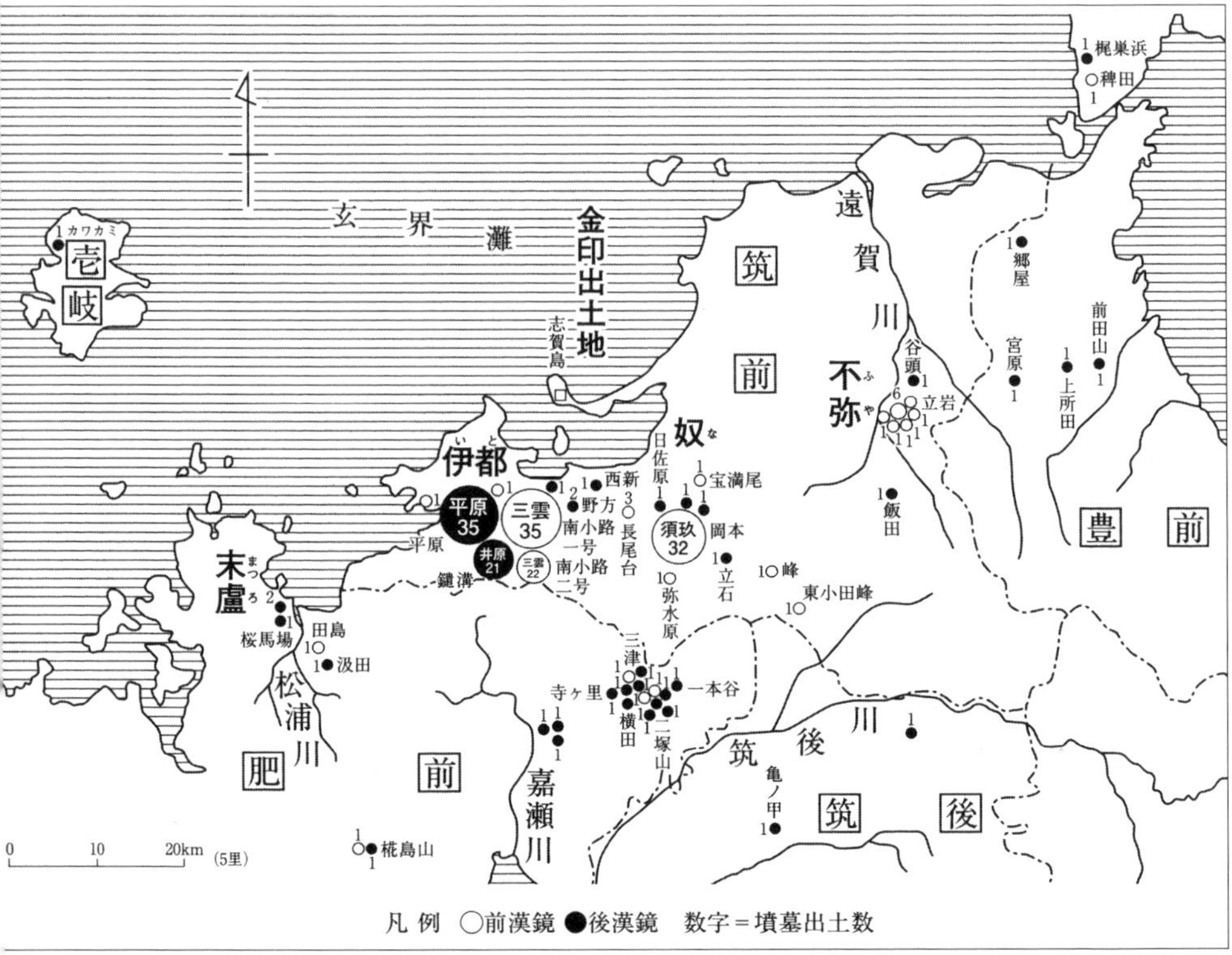

第２図●鏡の多少がその当時の権力の大小を物語る

とある。

＊この中で、【イタル】の文字について注目すると【伊都国】には丁寧な【到《いた》る】という文字が使われている。

◎その【伊都国】の、地名とその範囲は、上図に示す。

＊現在の福岡県【糸島市】と【福岡市西部】の元岡・周船寺・北崎・今津・今宿・飯場を含む広さである、と推定されている。

◎その【伊都国】の、弥生時代における重要な目的は、

＊中国や韓国との交易であった。その交易のためには、必ず必要だったのが、船の出入りが出来る港であった。【伊都国】は、西に佐賀県の唐津湾と東には福岡県の博多湾を、二つとも【領有と監視】が出来る重要な場所だったのである。

二、【伊都国】の【伊の都】とは

【伊】432 〔集韻〕於夷切

小篆

古文（説文）

古文（通訓定聲）

❶**これ**。**この**。發語の辭。また、句調を整へる辭。〔爾雅、釋詁〕伊、維也。〔注〕發語辭。〔詩、邶風、雄雉〕我之懷矣、自貽二伊阻一。〔傳〕伊、維。〔箋〕伊、當レ作レ緊、緊、猶レ是也。〔詩、邶風、谷風〕不レ念昔者、伊余來塈一。〔箋〕伊、維也。〔詩、小雅、都人士〕匪伊垂レ之。〔箋〕伊、辭也。〔儀禮、士冠禮〕嘉薦伊脯。〔注〕伊、惟也。〔漢書、揚雄傳〕伊年暮春。〔注〕師古曰、伊、是也。❷**かれ**。**彼**。人を指す語。〔太倉州志〕

名乘 コレ。ヨシ。

解字 會意。人と尹との合字。尹は天下を治平する意。人と合して天下を平治する人の意とする。故に阿衡（依倚して天下を平治する官）をいひ、殷の聖人伊尹の名は、彼が湯王の相としてよく天下を平治したことから取ったもの。假借して亜（ふさぐ）とし、又、發聲の辭とする。〔説文、伊、段注〕尹治、猶レ言二治平一、此説下从二人尹之意上也、言、阿衡者尹二治天下一者也、故又謂二之伊尹一、而伊字亦从レ尹。〔説文通訓定聲〕伊、叚借爲レ亜、又發聲之詞。

人部〔四畫〕

第３図● ［伊］の文字。諸橋轍次著『大漢和辞典』大修館書店、巻一645ページの人部〔四畫〕を参考にして作成した。

◎ 中国の、※『魏志』倭人伝を見ると、

＊ 奴《な》国の【奴】の字も・邪《や》馬《ま》台《たい》国の【邪】の字も・倭女《わのじょ》王《おう》卑《ひ》彌《み》呼《こ》の【卑《ひ》】の字も、【卑《いや》】しい文字が使われている。

◎ その中で、【伊都国】の【伊】の文字について、大漢和辞典［伊］の文字の記録、諸橋轍次《もろはしてつじ》著『大漢和辞典』巻一645ページの【伊】の文字を見ると、

◎ 〔【解字】會意。【人】と【尹】との合字。【尹】は天下を治平する意。【人】と合して【天下を平治する人】の意とする。〕と記録されている。

故爾、詔二天津日子番能邇々芸命一而、離二天之石位一、押二分天之八重多那（此二字以レ音。）雲一而、伊都能知和岐知和岐弖、（自レ伊以下十字以レ音。）於二天浮橋一、宇岐士摩理、蘇理多々斯弖、（自レ宇以下十一字以レ音。）天二降坐于竺紫日向之高千穂之久士布流多気一。（自レ久以下六字以レ音。）故爾、天忍日命・天津久米命二人、取二負天之石靫一、取二佩頭椎之大刀一、取二持天之波士弓一、手二挟天之真鹿児矢一、立二御前一而仕奉。故、其天忍日命、（此者、大伴連等之祖。）天津久米命、

第4図●『古事記』の天孫降臨の記録

☆これによると【伊都国】は、【天下を平和に治める人】がいる【都の国】という実に尊い文字が使われていることがわかる。この様に【伊の都】は、倭国の【最初で一番尊い国の都】として『魏志』倭人伝に、記録されているのである。

◎この事は［最初］で、今後も絶対に忘れてはならない【［真実］】である。

［倭国での【伊都】の記録］

◎この【伊都】を、我が国の最初の歴史書『古事記』で見ると、

☆天孫降臨の記録の中に、

◎【伊都《いつ》】の能知和岐弖《のちわきて》……竺紫の日向の高千穂の久士布流多氣に天降りまさしめき。」と記《しる》されていて、

◎その【伊都】の文字には【イツ】と言う【ルビ】が付いている。

◎その【イツ】と言う意味は、『日本国語大辞典』・発行所小学館によると、

◎【イツ】は、［【厳・稜威】（名）①勢いの激しいこと。激しい力のあること。また尊厳な性質があ

ること。」と記録されている。
◎この様に、天孫降臨の記録の中で、【伊都】と言う文字はあるが
◎【イツ】と読むようにルビが付いているので、【伊都国】のことではないと言う人もある。
◎しかし【著者】（【本著者井手將雪】以後も同じ）は【伊都国】のことであると確信している。
その証拠には、
◎日本の文字は、【日本】（ヒノモト）と書いて、【ニホン】と読んでも【ニッポン】と読んでも同じ【日本】のことだからである。それに加えて大切なことは、そこに【実在の証拠】があるかないかが問題である。

三、『古事記』の天孫降臨の【伊都《いつ》】

◎【伊都国】には、天孫降臨の【伊都】が【伊都国】のことである事を【実証出来うる】だけの【遺跡と遺物と副葬品】が実在しているのである。
【本著書】では、この【伊都国】に実在する【遺跡と遺物と副葬品】を検証することによって、『古事記』に記録されている日本国家の起原の歴史が、【実在の歴史】として、【実証出来る】ことを、このあと時間を掛けて明らかにして行くことになる。

四、【伊都国】に【卌《よよ》有王皆《みな》統《とう》屬《ぞく》女王国】・真実の検証

◎※『魏志』倭人伝には、次に【伊都国】について、

＊［【卌《よよ》 有王 皆 統屬 女王国】］と記録されている。

これについて、

◎【著者】は、【卌 有王、皆 統屬 女王国】の文字を、次のように検証した。

1 【伊都国】に【卌 有王】＝【世々 王有り】についての証明は

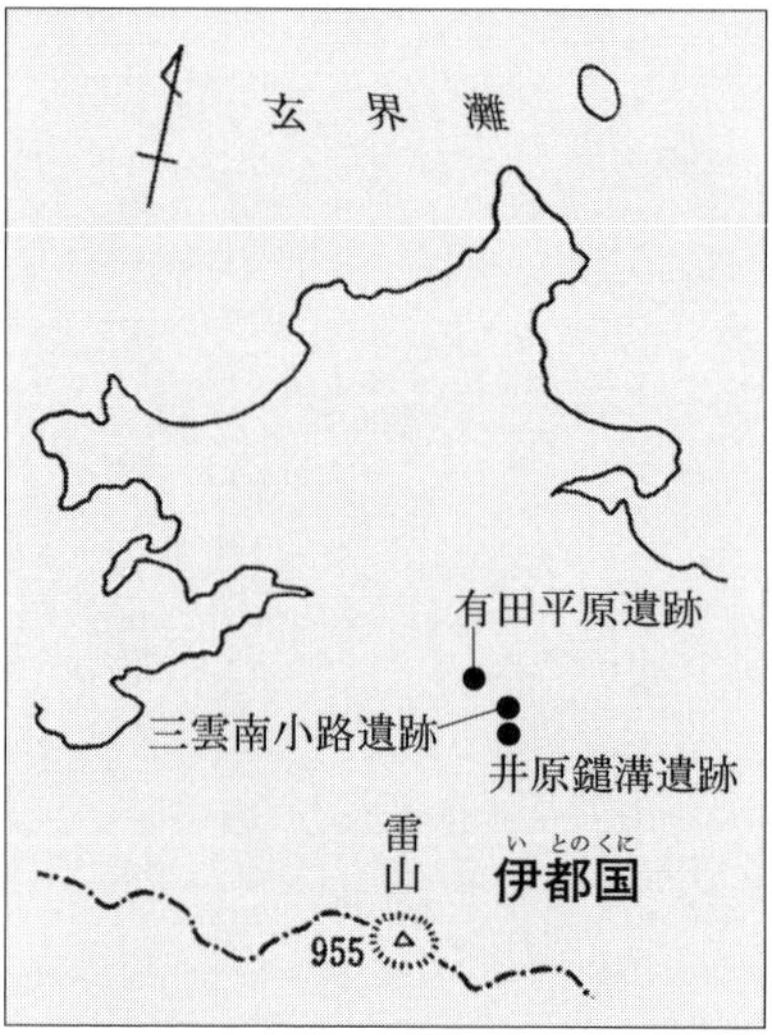

第7図●伊都国に居た【倭王】三雲南小路遺跡と平原弥生古墳遺跡

◎【伊都国】には【代々、倭王が実在した】と、【著者】は確信している。

その証拠として、弥生時代の【伊都国】には、

㈠前漢の【鏡】を持てる時代の三雲南小路遺跡と、

㈡後漢初期の【鏡】を持てる時代の井原鑓溝遺跡と、

㈢後漢中期の【鏡】を持てる時代の【平原弥生古墳】遺跡の三代の、

倭国で最高の【倭王】に関係する【遺跡と遺物と副葬品】

が実在しているからである。

◎その【最後の倭王の年代】は、西暦二世紀の中頃であることが、実証されている。

☆「参考文献・原田大六著『実在した神話』」その詳細は、第二章で検証する。

２【皆統屬】については、まず【統屬】の意味を検索すると

※『大漢和辞典』巻八1058ページに、

①＊「【統屬】（トウゾク）とは、【所属の官司《かんし》をすべ治める】」と記録されている。

しかし前の、１【卌有王】では、【有王】が反転して、日本では【王有り】と読まれているのである。

そこで【統屬】も反転して【屬統《ぞくとう》】と読めるのである。

そこで※『大漢和辞典』巻八1058ページを見ると、

②＊「【屬統】には、【トウヲツグ】とルビが付いていて、その意味は【血すぢを受けつぐ】」と記録されている。

③＊「【皆】とは何なのか」が問題となる。

◎①の【統屬】が正しいのか、②の【属統】が正しいのかは、③の【皆】と言う意味がハッキリしないと結論が出せないのである。

それは、最後の【女王国】の意味が判明すればわかることになる。

3 【女王国】とは

◎※『魏志』倭人伝によれば、

*「邪馬台国が【倭女王】の都する所で、【倭女王】の名は卑弥呼と言い、その卑弥呼は鬼道（心霊の術）を身につけ、弟がいて政治を補佐していた。又、景初二年（238年）には中国の明帝から、【銅鏡百枚】を下賜されている。又、西暦247年に【倭女王卑弥呼】は、狗奴国の男王卑弥弓呼《ひみくこ》と素から仲がよくなく、攻め合っていた。」と記録されている。

◎このように【女王国】の【倭女王】とは、

「邪馬台国の【倭女王卑弥呼】のことで、中国の明帝から【銅鏡百枚】を貰って、西暦248年まで生存していた三世紀中頃の【倭女王】である。又、その【倭女王卑弥呼】には、弟がいて政治を補佐していた。」と記録されている。

4 【皆 統屬 女王国】の【皆】とは

①の【伊都国】にいた【倭王】のことなのか、

又は、②の【女王国】の【倭女王卑弥呼】のことなのか、

最後の③は、①と②とを合わせた【皆】なのかが問題になる。

◎【著者】は、この問題に対して、次のように検証した。
先ず、その【皆】が、
①の二世紀の【伊都国】にいた【倭王】を指すのであれば、②の三世紀の【倭女王卑弥呼の国】との間には、約一〇〇年もの時代の開きがあるので、二世紀の時代には三世紀の【卑弥呼は実在しない】から、【統屬】関係は成立しないのである。
又、その【皆】が、
②の三世紀の【倭女王卑弥呼の国】を指すのであれば、【女王国】には政治を補佐する弟がいたので、【皆統屬】とはならないのである。以上。

5 【著者】は、検証の結果

①の弥生時代に代々【伊都国】にいた【倭王】と、
②の三世紀の邪馬壹（台）国にいた【倭女王卑弥呼】の【女王国】とは、
それぞれに単独では【皆】とはいえない事が判明した。
その結果、
◎最後の③の、①の二世紀の【伊都国】にいた【倭王】と、②の三世紀の邪馬台国の【女王国】とは、共に【皆・屬統＝血すぢが受け継がれている】と、いう結論に達したのである。
◎その証拠として、

①と②の共通点を、歴史書で検証すると、次のようになる。

6　共通の証拠1

①の、【伊都国】にいた、二世紀中頃までの【倭王達】は、倭国で一番沢山の【前漢と後漢時代の銅鏡】を所有していた。☆〔参考資料原田大六著『実在した神話』詳細は後述〕

②の、邪馬台国にいた、三世紀の【倭女王卑弥呼】は、中国から【三国時代に銅鏡百枚】を貰っている。（『魏志』倭人伝）

その結果、①の二世紀まで【伊都国】にいた【倭王達】も、②の三世紀の邪馬壹（台）国にいた【倭女王】も、共に倭国で特別に【銅鏡】を必要とする、共通の文化を持っていた事が分かる。

7　共通の証拠2

◎『古事記』と『日本書紀』（以後は『記・紀』と略す）の【記録】と、☆原田大六著『平原弥生古墳大日孁貴の墓』の【報告書】によれば、

☆【伊都国】に実在した・三代目の【倭女王】の名は、実名・玉依姫、神格名・大日孁貴《おおひるめのむち》、神名・天《あま》照大御神《てらすおおみかみ》と呼ばれた倭女王《わのじょおう》で、彼女は梭《ひ》に陰上《ほと》（記）を衝《つ》きて死亡されたとある。その四男は、神倭《かむやまと》伊波禮毘《いわれひ》古命《このみこと》とよばれた倭王で、彼は、九州から奈良に遷都して、第一代の神武天皇に即位された。

と記録されている。

『記・紀』を読み進んで行くと、第七代孝霊天皇の皇子として、倭迹迹日百襲姫命《やまとととひももそひめのみこと》・またの名は、活《いく》玉依姫《たまよりひめ》が、誕生されたとある。その倭迹迹日百襲姫命は、箸《はし》に陰《ほと》（紀）を衝《つ》きて死亡された。と記録されている。

『記・紀』の中で、十代崇神天皇までの記録を読むと、前記のように、共通点を持つ【倭女王】が【二人】ある。特に注目すべきは、この【二人】しかいないのである。

①その【一人】は、第一代神武天皇の母・二世紀の【玉依姫】で、神格名・大日孁貴、神名・天照大御神は、梭《ひ》に陰《ほと》を衝《つ》いて死亡されたとある、

②【二人】目は、第七代孝霊天皇の皇子・三世紀の【活玉依姫《いくたまよりひめ》】・又の名（ヤマトトトヒモモソヒメ）で、箸《はし》に陰《ほと》を衝《つ》いて死亡されたとある。

☆この【二人の倭女王】の共通点は、

①と②の【二人の倭女王】ともに、【天皇と血のつながりがある】。

【二人の倭女王】の名、【玉依姫】と【活玉依姫】・その名には、【玉依姫】という共通性が見られる。

(1)【二人の倭女王】は共に、＊「陰《ほと》を衝いて死亡された。」とある。

(2)【陰を衝いて死亡された】記録は、『記・紀』の中でこの【二人】だけである。

◎【二人の倭女王】は、共に何故【陰部《ほと》】を衝いて死亡されたと記録されているのであろうか、この問題について、

8【著者】の考察は、次の通りである

◎『記・紀』によれば、

①の【玉依姫】は、【天照大御神】の妻になった、と記録されている。

②の【活玉依姫】は、【大物主神】の妻になった、と記録されている。

この様に【神の妻】になられた、【二人の倭女王】には、【神の妻】になられた事によって、【神の力で守られる】立場になられたのである。しかし、【倭女王の二人】には、必ず守らなければならない事もあった。それは、【神の妻】として【貞操を守る事】であった。しかし、【倭女王二人】は共に【陰《ほと》を衝《つ》いて】死亡された、と記録されているのである。しかしながら、【梭や箸で】女性の大切な陰部を衝いただけで、【二人の倭女王】が死亡されるとは推察できないのである。しかし、【二人の倭女王】は、陰部を衝いた事によって【貞操を守る】事が出来なかった、という

＊【こじつけ的な隠喩】を基にして、＊【陰を衝いて死亡された】という記録になったのではないか。

と【著者】は考察するのである。

五、第一章のまとめ

1【伊都国】に到るまで

◎中国の、『魏志』倭人伝によると、韓国から海を渡って、現在の長崎県に来て、又海を渡って、現

在の佐賀県に上陸して、次には陸行して福岡県の『伊都国』に到る、とある。

◎その【伊都国】の地名とその範囲は、現在の福岡県【糸島市】と【福岡市の西部】を含む広さである。

◎その【伊都国】は、中国や韓国との交易のために、西に佐賀県の唐津湾と、東には福岡県の博多湾を【領有と監視】が出来る重要な場所であった。

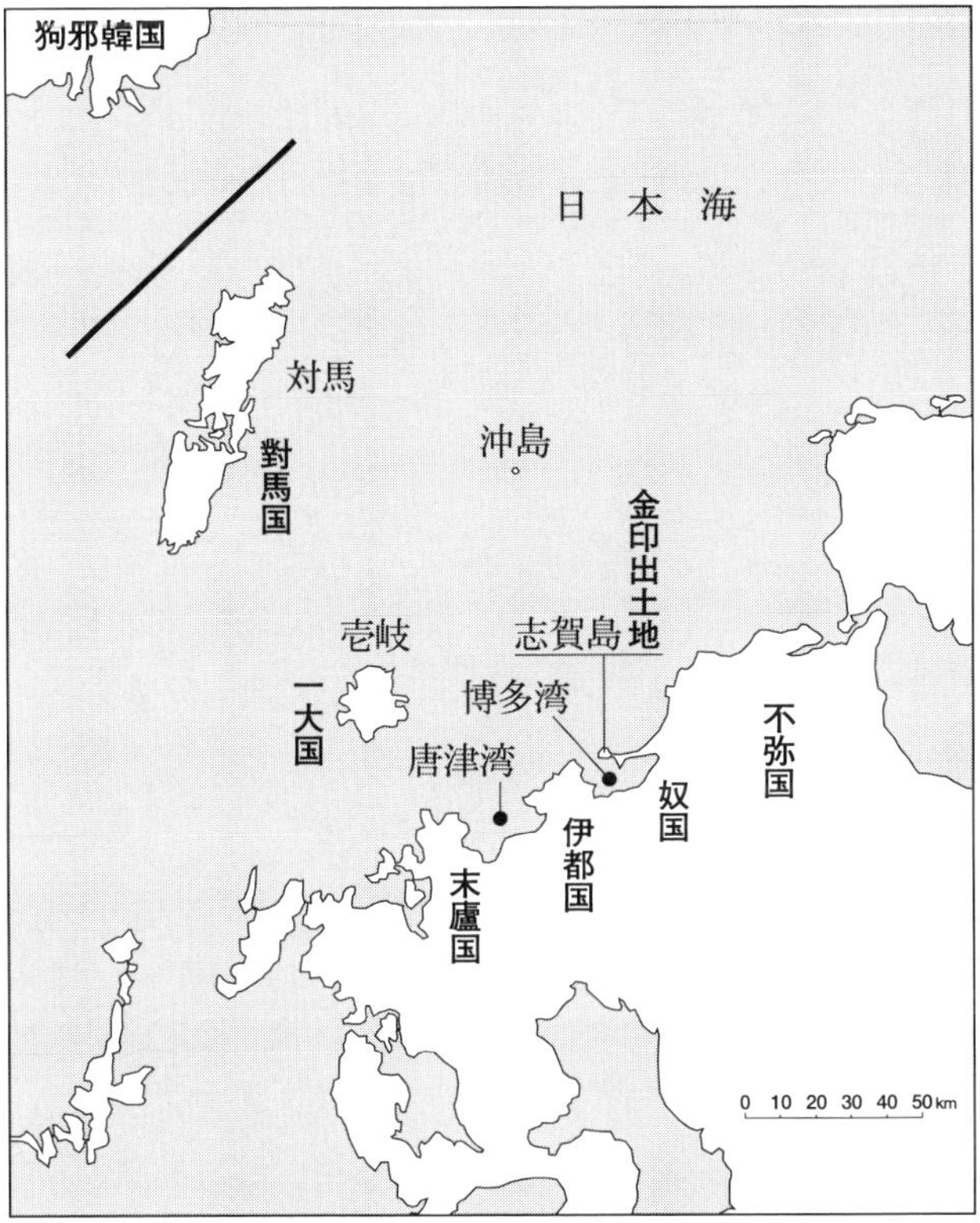

第5図●博多湾と唐津湾と外国との交易。

2 【伊都国】の【伊の都】とは

㈠中国の※『魏志』倭人伝を見ると、

＊奴国の【奴《な》】の字も、邪馬台国の【邪《や》】の字も、倭女王卑弥呼の【卑《ひ》】の字も【卑《いや》】しい文字が使われている。

その中で【伊都国】の【伊】の文字を※『大漢和辞典』で見ると、

＊「【天下を平治する人】の意とする。」と記録されている。

＊これによると糸島の【伊都国】は、【天下を平和に治める人】がいる【都

の国】という、倭国で最初に、一番尊い文字が使われている。この様に【伊都国】は日本最初の【伊の都】という重要な都市であった事がわかる。

㈡日本の『古事記』で【伊都】を見ると、

◎天孫降臨の記録の中に、

「【伊都】能知和岐知和岐弖《のちわきちわきて》（【伊都】の地わき地わきて）……竺紫の日向の高千穂の久士布流多氣に天降りまさしめき。」と記録されている。この様に【伊都】と言う文字はあるが、【イツ】と読むようにルビが付いているので、【伊都国】の事ではないと言う人もある。

◎しかし【著者】は、【伊都国】の事であると確信している。その証拠に【伊都国】には、『古事記』の天孫降臨の【伊都・イツ】が、【伊都国】のことである事を【実証出来うる】だけの【遺跡と遺物と副葬品】が実在しているからである。この事については【本著書】で、以後、時間を掛けて実証する。

3【伊都国】に「世有王皆統屬女王国」の真実の検証

㈠【著者】は、【世有王】を【世々王有り】と読み

◎【伊都国】で実証出来る【倭王】の遺跡と遺物と副葬品の【鏡】は、次の通りであると確信している。

⑴前漢の【鏡】を持てる時代の三雲南小路遺跡
⑵後漢初期の【鏡】を持てる時代の井原鑓溝遺跡
⑶後漢中期の【鏡】を持てる時代の【平原弥生古墳】遺跡

◎この実在する三代の【倭王】に関係する遺跡と遺物と副葬品の【鏡】は、倭国で最高の【倭王】を実証出来うるだけの、日本一の内容を持っているのである。

詳細は後述する。

㈡【皆統屬女王国】の検証

※『大漢和辞典』巻八を見ると、

1、[【統屬】（トウゾク）とは、【所属の官司をすべ治める】]とある。

◎しかし前の1【世有王】では、【有王】が反転して【王有】と読まれているのである。そこで【統屬】も反転して【屬統】と読めるのである。

2、[その【屬統】には、【トウヲツグ】とルビが付いていて、その意味は【血すぢを受けつぐ】]と記録されている。

◎この中で、1の【統屬】が正しいのか、2の【屬統】が正しいのかは、先の検証の結果の通り、2の【屬統】が正しいことが判明した。この事については、

☆原田大六が指摘するように、全体を正しく知って、最後に正しい結論が出せるのである。という教えを【著者】は、確実に実感したのである。

㈢【伊都国】に【世有王皆統屬女王国】の検証

◎この事についても、先の検証の結果、*[弥生時代の【伊都国】に居た【代々の王】から、三世紀の【邪馬台国】に居た【女王国】は、【皆】【屬統】（血すぢを受けつぐ）]事が判明したのである。

それにしても、中国の『魏志』倭人伝に記録されている【丗有王皆統屬女王国】の真実の意味が判明してみると、その内容が日本の『記・紀』の記録の内容と『魏志』倭人伝の記録の内容とが、繋がっている事を知る事が出来るのである。

そして、皆さんが、邪馬台国は九州なのか、奈良なのかは、今でも決着がついていないように見える。

しかし、前記のように【丗有王皆統屬女王国】の真実の意味を理解して、『記・紀』の記録を検索した結果、邪馬台国の所在地は、奈良の箸墓古墳であり、倭の女王・卑弥呼は、箸墓の被葬者である、実名活玉依姫で、またの名は、ヤマトトトヒモモソヒメ、またの名が倭の女王・卑弥呼である事が、実証出来たのである。

第二章　【伊都国】に実在した倭王の証明

一、弥生時代の【伊都国】

◎『魏志』倭人伝には、【伊都国】に【世々有王】と記されている。しかし、その【世々有王】の実在した歴史の実態は記録されてはいない。そこで、【倭国王】の事が記録されていると思われる、中国正史の歴史書・※『後漢書』を見ると、

そこには、＊［後漢・安帝の永初元年（一〇七年）、【倭国王】帥升《そちしょう》等は【生《い》口《くち》百六十人】を献じ、皇帝の拝謁を申し出た。］と記録されている。

第6図●『後漢書』の巻八十五　東夷伝から

［安帝永初元年　倭國王帥升等獻生口百六十人願請見］

【意訳】◎＊「後漢・安帝の永初元年（一〇七年）」は、天孫降臨二代目・伊都国にいた倭王日子穂穂手見命。又の名・火遠理命の時代である。

この中の【生口】の問題で、

☆考古学者・【原田大六】は、著書『卑弥呼の鏡』の中で、

☆「私は【銅鏡】を輸入した【日本】に、いかなる【見返り物資】があったかの自分ながらの疑問に対して、最大の商品は、精密機械である【人間】であったと説明してきた。あの一〇七年に、【倭王】は漢帝に【生口百六十人】を献じ、【女王卑弥呼】も、景初三年に、「男・【生口四人】、女・【生口六人】」（『魏志』倭人伝）を献上している。また次の【女王壱与】は、正治八（二四七）年以降に、「男女・【生口三十人】」（『魏志』倭人伝）を献上している。」と記している。

◇

そして、昭和五十一年に九州朝日放送が製作した

※【王墓を掘る男】をテレビで、

◎【著者】が見ていると、そこに映し出されたのは、昭和五十年六月に実行された、手漕ぎの舟が映し出され、その場面の説明は、九州大学の教授と水産大学の学生が【古代さながらの船で実験考古学】を実行し、韓国から苦労して海を渡り福岡の博多湾に無事に到着した。それを歓迎する場面であった。

次に映ったのは、

考古学者の☆【原田大六】であった、その声は、☆【あれはトリックだ、見世物であって航海の途中

では、エンジンの有る船で引っ張っていた。とても学問だとは言えない。船は人間が渡るだけの物ではない。船には人間の倍も三倍もの荷物を積まねばならない、その船に帆も張らないで……」と大きな声で力強く発言していた。

その時の☆【原田大六】の脳裏には、【後漢書】にある、＊「西暦一〇七年に【倭王は百六十人もの生口】を漢帝に献じた。」という記録が強くあったと推察されるのである。

◎この様に、【伊都国】にいた【倭国王】の時代には、【倭王は一度に百六十人もの生口】を、中国にまで運ぶだけの船舶と権力を所有していた。と推定できるのである。

又、【百六十人もの生口】については、何時・何処で・どの様な理由で発生したのかは、『古事記』の【出雲の歴史】の中に記録されているので、その時に入念に検証する。請うご期待。

二、【伊都国に世々王有り】を証明する【実在の遺跡】

1【伊都国】の第一代目

◎三雲南小路遺跡は【倭王の墓】

◎天孫降臨一代目・日子番能邇邇藝《ひこほのににぎの》命の墓

この遺跡は、『魏志』倭人伝に、【伊都国】に【世々有王】と記録されている、その一代目の【倭王の墓】が実在する遺跡である。

第７図●右奥に細石神社。この西半町に天孫降臨第一代目伊都国に居た倭王日子番能能邇邇藝命と王妃木花咲邪姫の墓。

第８図●三雲南小路遺跡の案内板

☆場所は、筑前国【伊都国】怡土郡（現糸島市東南部）で、三雲村の農長三苫清四郎が文政五年（一八二二）二月二日、住宅の南に当たる小字南小路の畠の土を取ろうと思って掘ったときに、偶然発見したものである。

☆その事は、文政五年に青柳種信が『柳園古器略考』にその年の初秋、詳しく記録して残している。

☆そして、文政五年から百五十二年を経過した昭和四十九年（一九七四）三雲地区の圃場整備のために、発掘が指導委員五名、委員長に【原田大六】を任命して福岡県の手で始められた。その結果、倭王墓と、新たに王妃墓が発見されている。

☆倭王墓（日子ホノニニギの命）の副葬品の総数は、
＊瑠璃璧八個以上、
＊【前漢鏡】三十五面、
＊【銅剣】一、銅矛二、銅戈一、
＊瑠璃子【勾玉】三個、
＊瑠璃管玉六十個、
＊金銅四葉飾金具八個以上。
☆新たに発見された王妃墓（コノハナサクヤ姫）の墓の副葬品は、
＊【前漢鏡】二十二面以上、
＊硬玉（ヒスイ）親勾玉一個、瑠璃小勾玉十二個、
＊瑠璃垂飾一個、
であったと発表されている。

◎この倭王墓の特徴は、副葬品の中に【前漢鏡】三十五面がある、この三十五面という枚数は、【前漢鏡】を所有出来る時代の【倭国最高の枚数】である。それに加えて、【鏡・刀剣・勾玉】の【三種の宝物】が揃って副葬されていたのである。これによって【原田大六】は、この墓を【倭王の墓】であると認めている。

第９図●井原鑓溝遺跡は西に溝有り、その中間の県道の下にあると推定される。

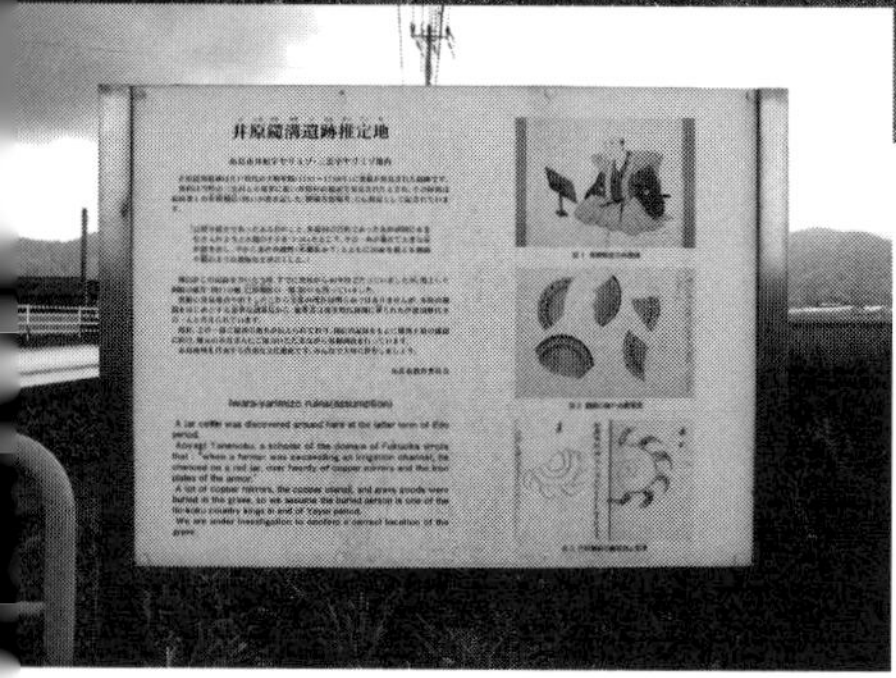

第10図●井原鑓溝遺跡の案内板

2【伊都国】の第二代目

◎倭王に仕えた【将軍の墓】

☆この遺跡の名は、【井原鑓溝遺跡】【伊都国】で、天明年間（一七八一～一七八九年）筑前国【伊都国】怡土郡井原村（三雲村の隣村）にいた農民次市によって発見されている。場所は井原村の鑓溝（三雲村の境界で一説によれば三雲細石神社の南約一〇〇メートル）の溝の岸より出土したとある。

☆この事は、前で紹介した青柳種信著『柳園古器略考』の中に「同郡井原村所穿出古鏡図」として納められている。

棺は甕棺である。

☆副葬品は、

*【初期の後漢鏡】二十一面（全て方格規矩四神鏡、縁文様は、獣帯

文・草葉文・S字華文・忍冬様華文・華文・菱形文・流雲文等後漢初期の特徴である）
＊ 鎧の板の如きもの、
＊ 刀剣類朽損じて其形も全《まった》からず、
＊ 巴形銅器　三個、
の出土が記録されている。
☆ 時期は【後漢前期】西暦五〇年前後である。戦いで敵の矢を防ぐ盾に装着し、敵を威嚇するのが【巴形銅器】であり、これは倭王から武将へ下賜された物であり、これを所有した者は【親衛将軍】である。
そしてこの遺跡は、【後漢初期の二十一面の鏡】はあるが、三種の宝物が揃ってはいないので倭王の墓とは言えない。
☆【原田大六】は、倭王の親衛【将軍の墓】であろうと推定している。
☆［参考資料・原田大六著『悲劇の金印』］
◎【伊都国】の第二代目の倭王の墓は、まだ発見されていない。
3 【伊都国】の第三代目

◎【平原弥生古墳】・【倭女王《わのじょおう》の墓】（第11図）
この【平原弥生古墳】の内容については、考古学者の【原田大六】が、原田大六著『実在した神話』

第11図●天孫降臨三代目倭王、平原弥生古墳、実名玉依姫・神格名大日孁貴（おほひるめのむち）・神名天照大御神の墓。西日本新聞社 提供

――発掘された「平原弥生古墳」の中で発表している。その中の【主な箇所】を引用すると、
㈠『実在した神話』の【第五章】では、
☆【原田大六】の恩師である＊［【中山平次郎博士】の学説・三種の宝物を尊重する文化【鏡と剣と玉】が、弥生時代の（三雲南小路・須玖岡本・井原ヤリミゾ）に副葬されている。その文化が、【近畿地方にはじまる古墳時代前期の豪族の古墳（天皇・皇后陵を含む）の副葬品に、そのまま【引き】つがれている。という学説は、それだけではヒントであり、それだけでは学者を納得させることはできなかった。」と記述している。
㈡【平原遺跡発見の知らせ】
☆［糸島高校で教鞭をとっている【大神邦博氏】が昭和四十年二月一日の夕刻、拙宅に馳せつけ「【鏡】が出土したといっています。相当大きなものらしいのです。場所は【平原】だそうで。」とつげた。【平原】部落なら、近くの曽根の洪積段丘上に古墳がいくつかあるから、そのひとつが破壊されたのだろう。困ったことだ、ぐらいに考えて、二人で現地に向かった。
【平原】は、細石神社のある三雲と、御子守神社のあった井田部落の西に接した小部落で、大字有田の【小字】である。掘り出したという【鏡】を持っている地主の井手勇祐氏の家はすぐわかった。夜である。土間に通されて、電灯のスイッチがひねられた、光の下にあらわれたものは、おびただしい【鏡】の【破片】であった。

わたしは自分の目を疑った。須玖式カメ棺の口縁部のような【巨大な白銅鏡】の【破片】がある。【内

行花文鏡】がある。【方格規矩鏡】はがらがらしている。【素環頭太刀】もある。十面を超えると思われる【鏡】が数百片に【破砕】して、目の前に、真実あった。ためしに測定してみると【巨大鏡】は直径四十六センチを超えるものらしい。たしかに、【弥生後期後半】の、これこそ【王墓】の副葬品だと直感した。

急がねばならぬ。前原町の教育長と、町の文化財保護委員のもとに車をとばし、その夜のうちに、すべて【町立】の「志登支石墓群出土品収蔵庫」に【移管】することの約束をとりつけた。

あくる日に現地を視察することにして帰ったものの、その夜は、まんじりともしなかった。いかなる遺跡であるかの推測がつかないからである。明二日の早朝、【平原遺跡】に到着した。わたしは、ひざ頭がくずれおちるようなショックを受けた。

「これでは駄目になってしまった」

と思ったからである。そこは畑であって、蜜柑の苗木を植えるために、幅一メートル、深さ八〇センチの溝が六本掘られ、西から二本目中央の、【鏡が出土した】という地点は、植樹溝をさらに幅二メートル、長さ三メートル、深さ八〇センチに、むざんに掘り返されていた。

弥生墳墓についての常識からすれば、ひとつの墓は、長さがせいぜい二メートル、幅が一メートルぐらいである。むざんに掘り返されている長さ三メートル、幅二メートルという広さは、一墳墓が痕跡もないほどに壊滅した広さである。その付近一帯は、棺内にあったものと思われる朱（硫化水銀）でいろづいている。

破壊のために調査は長引き出費はかさんだ。掘り返された大量の土の中に混入している数百の【鏡片】と【ガラス製の小玉】を発見するために、糸島高校、前原中学、怡土中学から数百人の生徒を動員したが手におえず、婦人三人を雇って四十日を費やして水洗に当たった。

また発掘調査は、破壊された部分の復旧をやりながら進めねばならぬという困難のために、三十日で済む発掘が、百日を超えることになった。」

と☆【原田大六】は記録している。

しかし、記録されていない事もある。

此処では、【著者】が知っていることを記述する。

4 【著者】が知りえたこと

◎【著者】が知りえたこと・1
【平原遺跡】の発見者は、地主の長男・【井手信英さん】(当時十九歳)である。
◎【著者】が知りえたこと・2
考古学者・【原田大六の平原遺跡】に対する【全身全霊の心構え】
それは、遺跡を発見した【井手信英さん】の母・節子さんから、【著者】が直接聞いた事実である。
その内容は、＊［地主の井手勇祐さんと妻の節子さんが、自宅の畳の上に座っていたときに、【原田大六先生】が玄関を開けて入ってこられて、そのすぐの【土間に座して】物凄く真剣な態度でご夫妻

第12図●発見者の井手信英さん宅。

に向かい「どうかわたしに遺跡の【発掘調査】をさせてくださいお願いします」と力強い声で頼まれている。その真剣な態度に感動して、【原田大六先生】を応援することになりました。」と話されました。

◎【著者】が知りえたこと・3

遺跡発見者の【井手信英さん】から、【著者】・井手將雪著『倭女王 大日孁貴の墓』——日神・天照大御神に仕える巫女・太陽の妻が証明された——の著書の中に、【発見者の手記】を出して頂いている。その内容の一部を紹介する。

※【井手信英さん】の手記 *[【平原遺跡】が発見された【塚畑】だけは、良く肥沃した土地です。その【塚畑】に母と二人で、昭和三十八年十一月頃からミカンの苗木を植えるために、耕転機に【鋤をつけ】約、幅一メートル、深さ八十センチ、長さ三十五メートルの南北に長い溝を、西側から掘り起こしていきました。昭和三十九年春に、一本目の溝にミカンの苗を植えました。二本目以降の溝は、三十九年の秋以降に掘り、西から二本目の溝で遺跡を発見したのは【昭和四十年の一月十八日】の午後でした。

その西から二本目の溝は、特に土が軟らかく、土の色は火山灰のように黒く、湿気を含む土で、深く掘り進むにつれて【夥《おびただ》しい破片】が出土し、私はビックリして傍で作業をしていた母に、【破片】をつまみ上げ、

「これはなんかいなー」

と聞きました。母も土がついている【破片】はなにか分からない様子で、更に【破片】が出た所を掘ると、メリケン粉を赤くした様な物が出てきました。後で聞いた話ですが、【朱】といって防腐剤の役割をするのに用いた物です。その同じ箇所から【鉄】が錆び付いた長さ十センチ位の物が出土しました。それをスゴ（稲藁で編んだ入れ物）に入れて、我が家に持ち帰り、土のついた【破片】を水で綺麗に洗ってみますと鳥の絵やら色々な模様をした物が出てまいりました。

私は一瞬不思議な気持ちになりました。ややしばらくして、中学時代に歴史で習った【古鏡】ではないかと思い出し、早速弟が通う福工大学に調べてもらい、又父は糸島高校の【大神先生】に見せに行きました。

噂を聞きつけてこられた、考古学者の【原田大六先生】他二名の方が、我が家の土間に置いているスゴの中の【破片を見るなり異常な興奮】をされ、目はランランと輝き、なにか譫言《うわごと》を言ってありました。

私はその時になって、大変【貴重な古鏡】を発見したのではないかと思い、また家族一同までが興奮した次第です。」

以上が、遺跡発見者・【井手信英さん】の、手記の一部です。ここに記録されているように、【井手信英さん】が発見したのは、【鏡片と赤い朱と鉄が錆び付いた物（鉄素環頭大刀の一部）】だという事が分かります。

◎【著者】が知りえたこと・4

【著者】は、この【平原遺跡発見】の記事を、糸島新聞で知って、近所の地主・井手勇祐さん宅に行き、発見者の母の節子さんから出土品を見せて貰った、そこには【数百に割れた鏡片】があり、その【大小の鏡片】には多種多様の文様があり、文字も書かれていた。

当時は古代の遺跡や出土品に対する世間の意識は低く、【著者】も特別の認識は持ってはいなかった。しかし珍しいものは見たい気持ちがあり、【発見場所】を聞いてその場所へ行ってみた。その場所は近所ですぐ分かった、二本目の植樹溝の中程に溝が少し掘り広げられていた。その近くを良く見てみると、【土の上】に何やら【珍しい品】が落ちている。

◎【著者】が、そこで拾った物。

◎それは、小さな竹を輪切りにしたような【赤い管玉一個】(報告書下巻46ページ五一号)、青いガラスを巻いたようになっていて【中は骨状化し割れている玉数個】(報告書下巻46ページ五二号)、紺色をした穴のある【小さな丸玉数個】(報告書下巻47ページ五五号)等であった。何となくそれを拾って家に持ち帰り、紙に包んで棚の上に置いていた。

☆[【報告書】とは、後述する【著者】も編集委員として参加した☆【原田大六著『平原弥生古墳——大日孁貴の墓』】の報告書のこと。以下同じ」

☆その【玉類】を、【平原遺跡発掘調査主任の☆原田大六氏に渡したご縁】で、【著者】はそれから【二十年間・原田大六先生から尊い教えを受ける】ことが出来たのである。

第13図●【著者】が最初に見た遺跡の現場、此の地表で玉類を拾った。撮影：片山摂三

5【ここで重大な疑問がある】

㈠遺跡発見者の【手記】にあるように、発見者の【井手信英さん】が掘り出した遺物は、【鏡片と赤い朱と鉄が錆び付いた物（鉄素環頭太刀の一部）】だけである。

㈡そして、【著者】が拾った遺物は【玉類】であって、
それも【土の上】に散らばっていた【玉類】である。しかし【遺跡発見者】は、【玉類は掘ってはいない】のである。そこに重大な疑問が生じる。

㈢【平原遺跡発掘調査主任】の☆【原田大六】は、

最初にこれの遺跡を【見たとき】に、【植樹溝をさらに幅二メートル、長さ三メートル、深さ八〇センチに、むざんに掘り返されてしまっ

第14図●井手信英さんが発見した鏡の写真。糸島新聞社 提供

ていた。】と記述している。

この記事は、発見者の井手信英さんとは、関係がないのである。遺跡発見の一月十八日から【著者】が玉類を拾った一週間後の間に、誰かが玉類を掘りだしたのではないかと思えるのである。

◎この事について、

昭和六十年五月二十七日十時三十二分、【原田大六先生が永眠】された。その【原田大六】が【三十年間命を削って準備】をしていた、未完成の【平原弥生古墳発掘調査報告書】(詳しいことは後記する)を完成させる目的を持って、【平原弥生古墳発掘調査報告書編集委員会委員長・神田慶也を結成し、【著者も参加】して、その報告書は、☆【原田大六著『平原弥生古墳—大日孁貴の墓』】として平成三年十一月三日に【完成】した。その☆【報告書に有る】

☆左記53ページの＊【実測図】を見て頂きたい。

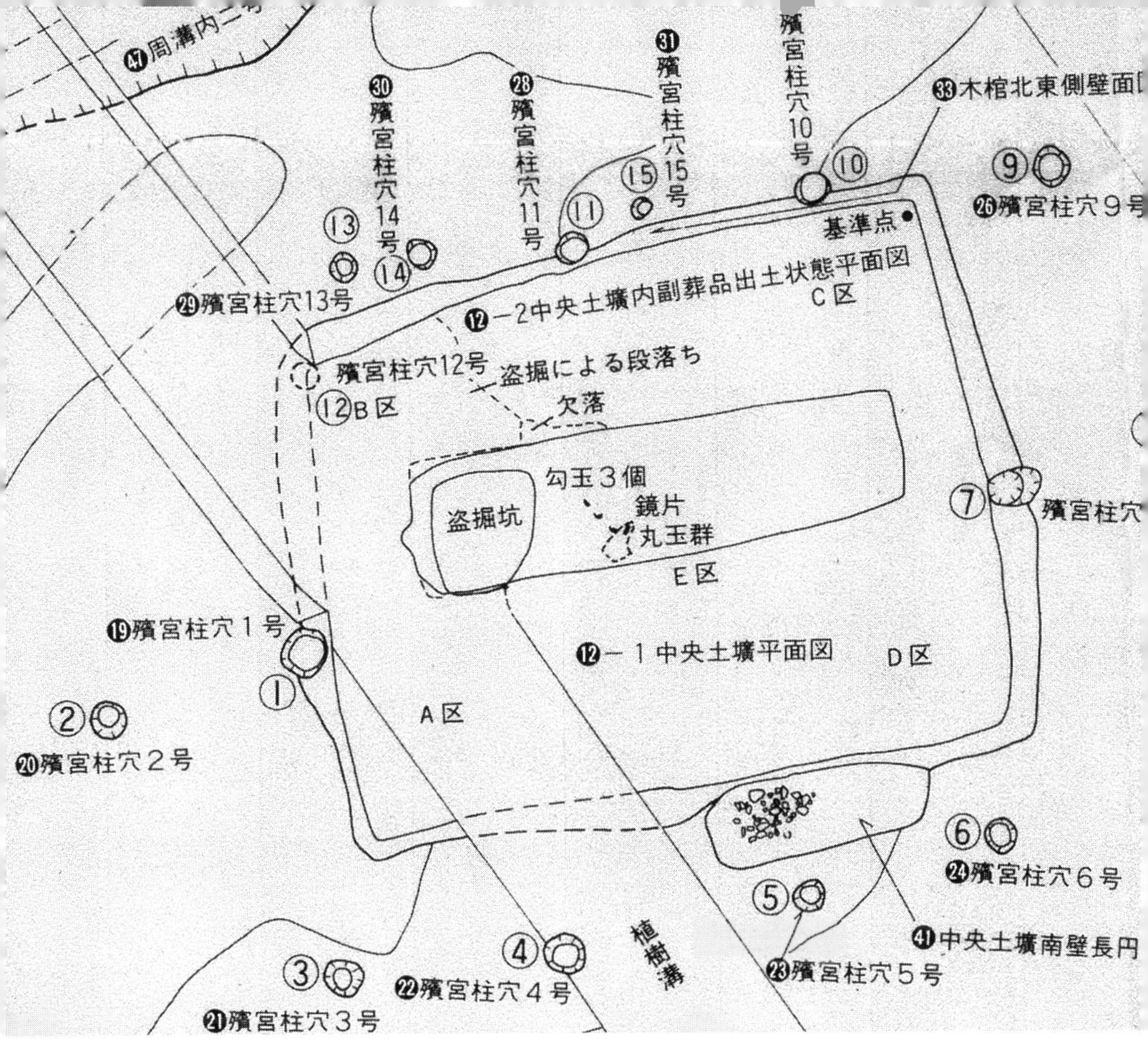

第15図●天孫降臨三代目倭の女王、平原弥生古墳・神名天照大御神の墓の実測図。
上記図中の「盗掘坑」は遺跡発見の昭和40年１月18日以降25日までの間に掘られた。

◎この【実測図】の右下に、植樹溝と書かれていて、その植樹溝が左上方向へ描かれている。その植樹溝中央部に少しかかるように割竹形木棺の痕跡が描かれている。その割竹形木棺の頭部に①【盗掘抗】の文字がある。又割竹形木棺の上方向に欠落の文字があり、その上方向には、②【盗掘による段落ち】の文字がある。

この二つの盗掘の内、①の【盗掘抗】には【玉類】があり、②の【盗掘による段落ち】の場所には【鏡】が副葬されていた。と【著者】は推定せざるにはいられないのである。

この盗掘は、古代の盗掘ではなくて、遺跡発見の一月十八日から、【著者】が玉類を拾った二十五日までの間に誰かが掘ったのではないかと、思われるのである。
◎もしも、この二つの場所から出土した副葬品と思われる遺物に出会える人があったならば、必ず【著者】に、知らせてもらえないでしょうか、伏して、伏してお願いする次第である。もし出来ますならば、出土品の写真でもいいですから、お見せして頂けないでしょうか、切にお願いいたす次第である。
そして、この二つの盗掘の場所は、遺跡発見者の【井手信英さん】とは【関係が無い】のである。【井手信英さん】は植樹抗で発見した【鏡片と鉄の錆びた物】を丹念に拾って持ち帰り、その後その【全て】を、町立の「志登支石墓群出土品収蔵庫」に【移管】されている。

その「志登支石墓群出土品収蔵庫」に【移管】されている【鏡片】を、【原田大六】が入念に調査したところ、今までの発見にはない、【日本一の巨大大鏡】が二面あり、その二面ともに、割れた【鏡片が全部揃っていた】と発表されている。それ等の詳細については、後述する☆【原田大六著『平原弥生古墳—大日孁貴の墓』】の検証の時まで待って頂きたい。

三、第二章のまとめ

1　弥生時代の【伊都国】

◎『魏志』倭人伝には、＊［【伊都国】に【世々有王】］と記録されている。しかし、その【倭王達】の歴史の記録はない。そこで、【倭国王】の歴史が記録されていると思われる、

◎中国正史の『後漢書』を見ると、そこには、

☆＊［後漢・安帝の永初元年（一〇七年）、【倭国王】帥升《そちしょう》等は【生口《いくち》百六十人】を献じ、皇帝の拝謁を申し出た。］と記録されている。

◎この中の【生口】の問題で、

☆【原田大六】は、＊［私は【銅鏡】を輸入した【日本】に、いかなる【見返り物資】があったかの自分ながらの疑問に対して、最大の商品は、精密機械である【人間・生口】であった。］と記述している。

◎この様に【伊都国】にいた【倭王達】の時代には、一度に【百六十人】もの【生口】を、中国に運ぶだけの船舶と権力を所持していた。この事は、夢にも忘れてはならない事なのである。

2 【伊都国に世々《よよ》有王《ありおう》】を証明する【実在の遺跡】

①【伊都国】の一代目

☆三雲南小路遺跡は【倭王の墓】

☆この遺跡の副葬品は、

⑴【前漢鏡】三十五面、

⑵【銅剣】一口、

(3)【勾玉】三個、
(4) その他多数である。
☆この遺跡の倭王墓の特徴は、副葬品の中に【前漢鏡】三十五面がある。この三十五面という枚数は、【前漢鏡】を所有できる時代の【倭国最高の枚数】である。それに加えて、【鏡・刀剣・勾玉】の【三種の宝物】が揃って副葬されていたのである。これによって【原田大六】は、この墓を【倭王の墓】であると認めている。
②【伊都国】の二代目
☆【井原鑓溝遺跡】は、倭王に仕えた【将軍の墓】
☆この遺跡の副葬品は、
(1)【後漢初期の鏡】二十一面、
(2) 巴形銅器、
(3) その他、
☆この遺跡は、【後漢初期の二十一面の鏡】は有るが、三種の宝物が揃っていないので倭王の墓とは言えない。倭王の親衛【将軍の墓】であろうと推定されている。
☆【伊都国】の第二代目の【倭王の墓】は、まだ発見されていない。
③【伊都国】の三代目
◎【平原弥生古墳】は、【倭の女王・大日孁貴の墓】

◎ この遺跡の副葬品は、

日本国家の起原に関係する重要な問題を、数多く含んでいるので、第三章以降で詳細に検証する。

【本著書】『日本は太陽の国』【伊都国】は日本最初の【伊の都】——平原王墓に八咫鏡——【三種の神器】の主役は、【八咫鏡】である。

◎ その、【八咫鏡】に関係する問題点と、【八咫鏡】の歴史を追って、真剣に検証を進めることにしよう。

第三章　【糸島】の【伊都国】に実在した【三種の神器】

一、【伊都国】三代目の倭の女王の墓【平原《ひらばる》弥生古墳《やよいこふん》】

1【平原弥生古墳】

◎実在した、【三種の神器】が副葬されていた遺跡が【伊都国】に居た、三代目の倭の女王の墓・【平原弥生古墳】である。この【平原弥生古墳】という名称は、昭和四十年三月三十一日に、福岡県教育委員会発行の「福岡県文化財調査報告書　第三十三集」として正式に発表されている。その報告書の表題が、「福岡県糸島郡【平原弥生古墳】調査概報」である。

◎このように、平原弥生遺跡の倭の女王の墓に対し【平原弥生古墳】という名称を、【正式名称】として発表したのは、発掘調査に予算を出した、【福岡県教育委員会】と、個人で予算を工面し、発掘主任として一〇三日間をかけて、入念に調査を完了した考古学者の【原田大六】である。

二、【平原弥生古墳】から出土した副葬品の【八咫鏡】

福岡県糸島郡平原弥生古墳調査概報

１９６５春

福岡県教育委員員

第16図●福岡県文化財調査報告書　第33集
昭和40年３月31日 発行・福岡県教育委員会

１ 【八咫鏡】の証明

◎この項の参考資料は、☆原田大六著『実在した神話』——発掘された「平原弥生古墳」——（以後は『実在した神話』と略す）を使用した。

◎『実在した神話』の【第7章】【平原弥生古墳】の全容と方角の謎では、

☆「【平原弥生古墳】という名称は従来存在しなかったが、「古墳時代の古墳」との混同を避けるために新しく命名した。」と記述されている。

◎『実在した神話』の【第11章】【八咫の鏡】では、

１頂点に位置していた【鏡】として、

☆【弥生遺物の評価図】が63ページに出ている。【弥生遺物の評価図】（第17図）

◎『実在した神話』の【第11章】５【鏡】は日迎えの道具では、

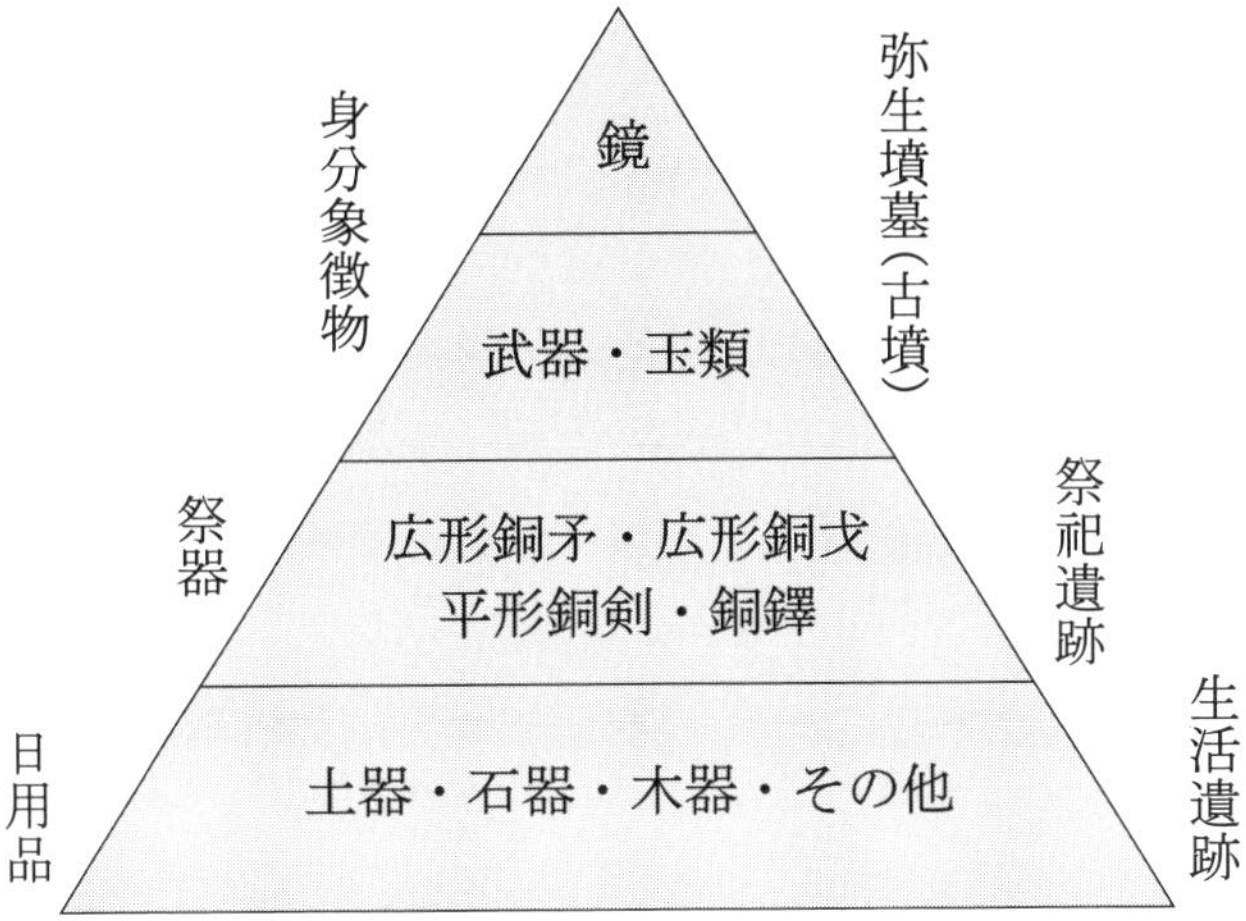

第17図●弥生遺物の評価図　大多数の民衆を土台にして、少数の支配者があらわれたように、大多数の民衆の遺跡遺物を土台にして、少数の支配者の遺跡遺物があらわれた。

☆「太陽と満月をながめてみよう。外形は円であって、強弱のちがいはあれ、くまなく四方八方を照らすではないか。万葉の歌人大伴家持も

【神の社に照る鏡】

と歌っている。円形凸面の【漢式鏡】が、かりに日月になぞらえられたとしても、不自然ではない。……【平原弥生古墳】の諸構造から推測された【天体観測】は、日迎えの行事として、当時の日子であり日女である支配者層の重要にして最高の職務であった。それら支配者が多数の【鏡】を所有し、文化の頂点に位置させていた。ということは、この両者が結びつくことを説明しているのである。四王墓の被葬者は、生前にそれらの【鏡】を【太陽を迎える】道具として使用していたのである。」と記述している。

◎『実在した神話』の【第11章】6【鏡の寸法】は何でもって計っていたか、では、

※「後漢の学者許慎の『説文解字』」に、「咫　中婦人手長八寸謂之咫周尺也」

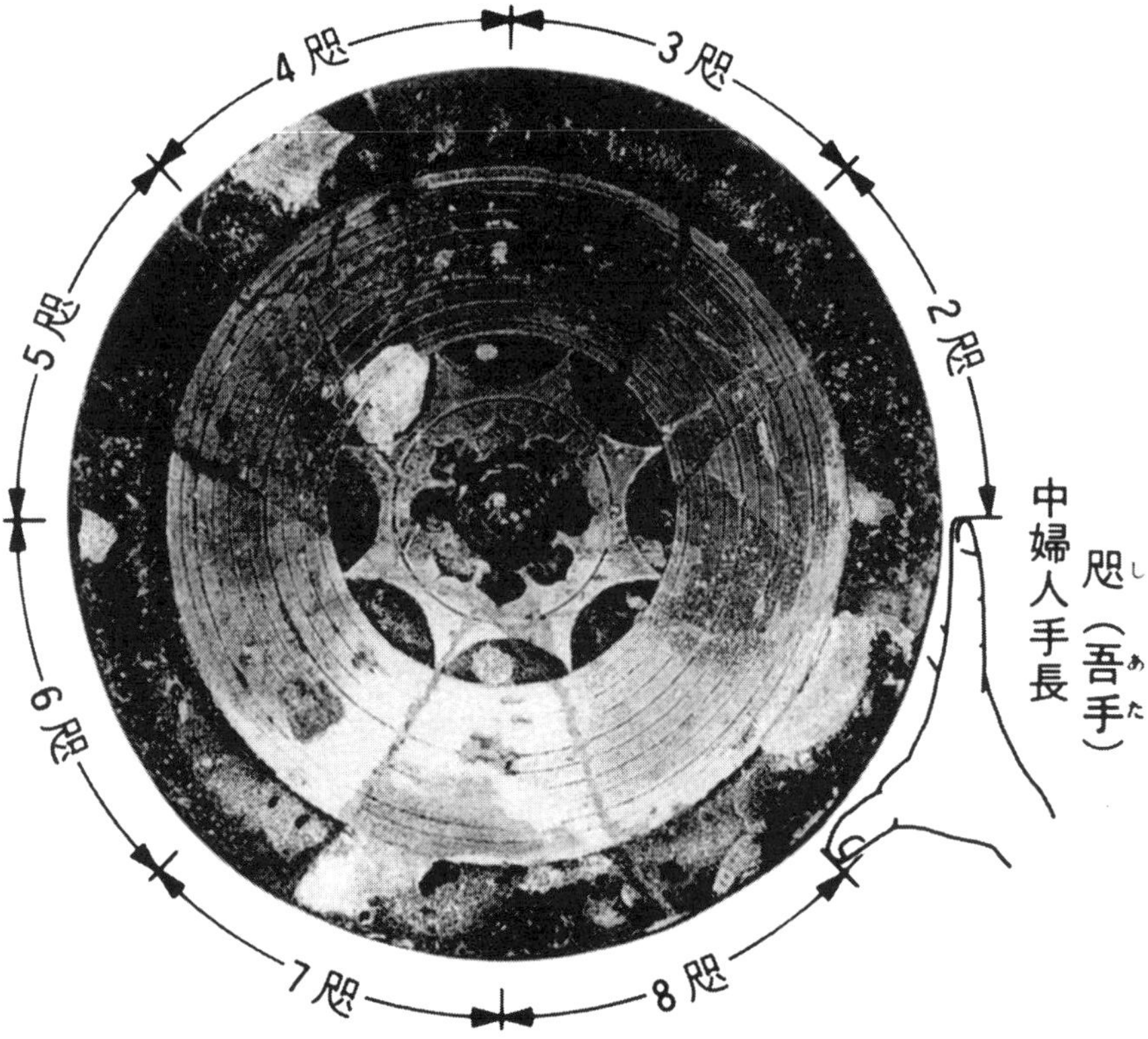

第18図●八咫ある大鏡　平原弥生古墳出土。十号鏡。径46.5センチメートル。後漢の学者許慎（きょしん）の『説文解字』に「咫……中婦人の手の長さで八寸、これを咫という。」

＊「咫……中婦人の手の長さで、八寸、これを咫という。周尺である」とある。（咫《た》＝咫《し》・後漢の一寸は二・三センチ、八寸は十八・四センチ、周尺とは周囲を測る尺）

＊「この【咫】でもって、古代最大をほこる【平原弥生古墳】の【内行花文八葉鏡】を測ると、直径が約四十六・五センチということは、当時の後漢尺で二尺であるから、円周はいうまでもなく【八咫ある】ということになる。【八咫の鏡】といえば【ヤタノカガミ】とよんで、伊勢神宮の【御神体】と伝えて今にいたっていることを、戦前・戦中に歴史を教わった人なら知らぬことはないはずである。」

と記述している。

◎『実在した神話』の【11章】8【八咫の鏡】では、

☆「伊勢神宮の御神体とされているという【八咫鏡】が、実際どのような大きさのものであり、どのような文様をもっているかは、その写真もなく、その実物を計測した記録もない。【御神体】として、およそ見ることは許されまいが、【平原弥生古墳】のような、【八咫の寸法】を持つ【大鏡】が、発掘という科学の力によって判明してくると、伊勢神宮のはどんなものであるか、その両者を見比べてみたいと思うのは、人の常ではあるまいか。両者を対面させて、もし同一の鋳型で鋳造したものであるとなると、歴史はいよいよ面白く、話は佳境に入ってくるのであるが、今のところどうにもならない。古い記録からさぐりを入れるよりほかない。」と記述している。

☆その寸法については、＊『延喜式』の伊勢大神宮式に、【八咫の鏡】を納めている「樋代」の内径は【一尺六寸三分】とあり、延暦二十三年（八〇四）の奥書のある『皇大神宮儀式帳』には、

「正体御船代一具　長七尺五寸　内五尺七寸　内深一尺四寸　広二尺五寸　高二尺一寸　内弘二尺

御樋代一具　深一尺四寸　内八寸三分　径二尺　内【一尺六寸三分】」

と、どちらも容器の内のりが、【一尺六寸三分】（約四十九センチ）の径を持つと明記している。【平原弥生古墳】に副葬されていた【八咫ある鏡】は、径四六・五センチであるから、二・五センチの手で持って【納める余裕】まで持っている。ということは伊勢神宮の「樋代」の中にすっぽり【納まる】大きさであるといえる。」

◎「つぎに、伊勢神宮の【八咫の鏡の形態（文様）】についての記録をあたってみよう。伊勢神道の経典である『御鎮座伝記』には【八頭花崎八葉形也】とある。

この文を【八頭花崎】と【八葉】に分けてみよう。「八頭花崎」とは【平原弥生古墳】出土の【内行八花文】にあたり、【八葉】はそのまま鈕をめぐる【八葉座】に相当するのではあるまいか。」

［わたしは、さきに、【平原弥生古墳】出土の【大鏡】を見て、印象にのこる文様は【内行八花文】と【八葉座】であると書いたが、『御鎮座伝記』が【八頭花崎八葉形也】と記したのは、実見した時の強烈な印象を書きしるしたのであろうと思う。］

☆［記録以外にどうしようもないが、伊勢神宮の【八咫鏡】と【平原弥生古墳】出土の【大鏡】は、上述のように、【寸法・文様】ともに食いちがったところを見受けないのである。これがもし事実だとしたら、【平原弥生古墳】には【大鏡】の同型同笵鏡が四面あるから、はじめは五面を作製したものの【一面】が【伊勢神宮の御神体】になっているといわれないことはない。］と記述している。

2【八咫鏡】の証明のまとめ

◎以上のように、【平原弥生古墳】を発掘調査した原田大六が、持てる力を十分に発揮して著した『実在した神話』を熟読玩味すればわかるように、【平原弥生古墳】の【八咫の寸法と内行八花文八葉の文様を持つ大鏡】は、伊勢神宮の八咫鏡と【寸法・文様】ともに食いちがったところを見受けないのである、と発表している。この様に、【八咫鏡】は【伊都国】の【平原弥生古墳】から出土した副葬品として実在しているのである。

3　【八咫鏡】と【三個の勾玉と約五百個の丸玉】は【三種の神器】

⑴【平原弥生古墳】出土の【八咫鏡】は、【三種の神器】と推定されている。

◎本題の【八咫鏡】は、【天照大御神の御魂代】として伊勢神宮で祭られていて、【三種の神器】であると記録されている。その【八咫鏡】が、【伊都国】の【平原弥生古墳】に四面も副葬されている。この四面の【八咫鏡】も、当然【三種の神器】であると推定されている。

⑵【平原弥生古墳】出土の【勾玉三個と約五百個の丸玉】も【三種の神器】と推定されている。

◎この、【勾玉三個と約五百個の丸玉】が、【平原弥生古墳】・割竹形木棺の【中心部】から組になって出土しているのである。この【勾玉三個と約五百個の丸玉】が、【三種の神器】の【八尺勾璁之《やさかのまがたまの》五《い》百津之御須麻流之玉《ほつのみすまるのたま》】に相当する、と後で記述する、☆原田大六著『平原弥生古墳――大日孁貴の墓』の報告書上巻159ページで発表されている。

4　【平原弥生古墳】出土の鉄素環頭大刀は【三種の宝物】

☆平原弥生古墳からは、鉄素環頭大刀が出土している。これは、【三種の宝物】と呼ばれている。

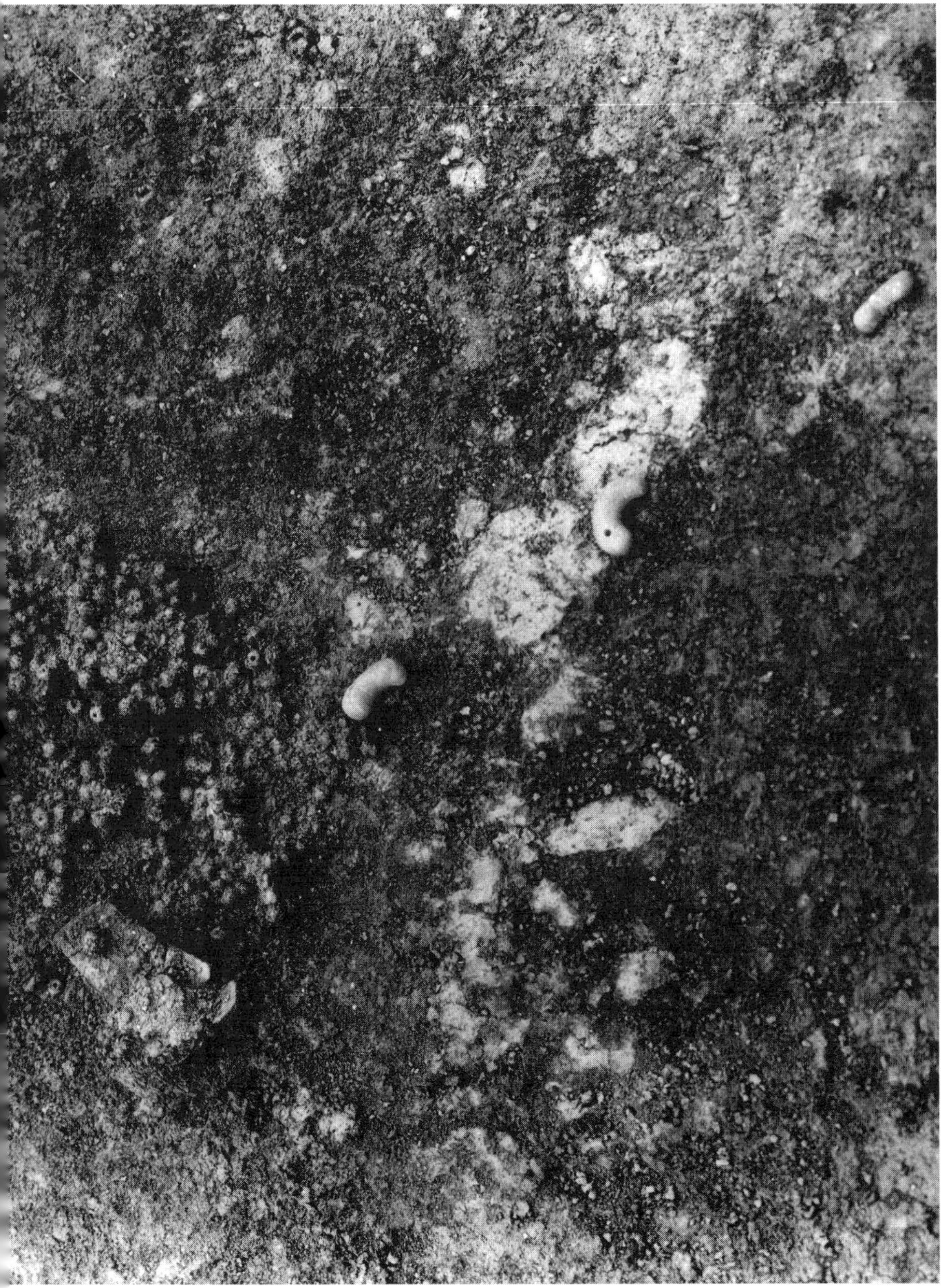

第18図●勾玉３個と約500個の丸玉　撮影：片山摂三

三、【三種の神器】の歴史

1 【三種の神器】の最初の記録

1の【八咫鏡】と、2の【八尺勾璁之五百津之御須麻流之玉】が、最初に記録されているのは、『古事記』の81ページにある。

◎その『古事記』の記録によれば、

☆「【天照大御神】が、天の岩屋戸を開き、鎖《とざ》し籠《こ》もられた時に、天照大御神を招《まね》き出す【御魂】として作られたのが、1の【八咫鏡】と2の【八尺勾璁之《やさかのまがたまの》五百津之《いほつの》御須麻流之《みすまるの》玉《たま》】である。」と記録されている。

2 実在の【遺跡と遺物と副葬品】

◎その、歴史の実在を証明できる唯一の【遺跡と遺物と副葬品】が、【伊都国】の【平原の弥生遺跡】に実在していたのである。

☆その遺跡が、【平原弥生古墳——大日孁貴の墓】であった。

◎この墓の副葬品の中に、1の【八咫鏡】と2の【八尺勾璁之五百津之御須麻流之玉】が副葬されていたのである。

3　【大日孁貴】とは

◎【大日孁貴】を、※国語大辞典で見ると、

＊［おおひるめ──の──むち　おほひるめ……【大日孁貴】（「ひるめ」は「日の妻」の意という。「むち」は尊称）天照大神（あまてらすおおみかみ）の別称。］と記《しる》されている。【著者】は、「日の妻」とは、【太陽の妻】の意であって、太陽の霊と精神的に一体になれる人の事だと理解している。

4　『魏志』倭人伝を見ると

※『魏志』倭人伝には、☆【伊都国】に、［世々有王。］と記録されている。

◎その記録が、【伊都国】に代々の王が実在した記録だとすれば、日本の歴史書にも必ずや、記録されていると推定されるのである。その意味で日本の歴史書『古事記』を見る。

5　『古事記』の記録

◎『古事記』の『天孫降臨』には、☆［【伊都】の地わきに地わきて、天孫の「ヒコホノニニギノミコト」が、【三種の宝物】を持って天降りした。］と記録されている。そして、その【伊都】には、【三代の王】がいた、とも記録されているのである。そしてまた、【伊都国】現（糸島市）には、その【三代の王】が実在していたことを実証出来るだけの、遺跡と遺物と副葬品が発見されているのである。

6 【古事記】の倭王と王妃と、【伊都国】の【倭王と王妃】

(1) 【伊都国】一代目は、☆【前漢鏡】を持つ。
倭王は、【ヒコホノニニギノミコト】王妃は、【コノハナサクヤヒメ】
☆その【倭王と王妃】の墓は、三雲南小路遺跡にある。

(2) 【伊都国】二代目は、【後漢初期の鏡】を持つ。
倭王は、【ヒコホホデミノミコト】王妃は【トヨタマヒメ】である。
高祖神社の祭神が【ヒコホホデミノミコト】
※将軍の墓は【後漢初期の鏡】を副葬していた井原鑓溝遺跡である。
志登神社の祭神が王妃【トヨタマヒメ】で、その墓は対馬にある。

(3) 【伊都国】三代目は、【後漢中期の鏡】を持つ。
長男【ヒコナギサタケウガヤフキアエズノミコト】は、二代目のヒコホホデミノミコトより先にお亡くなりになったので、王妃の玉依姫【タマヨリヒメ】が、三代目の【倭の女王】になられている。

産宮神社の祭神が【ウガヤフキアエズノミコト】である。
◎【倭の女王・玉依姫】の墓は【後漢中期の鏡と八咫鏡】を持つ【平原弥生古墳】である。
☆御子の＊長男は【イツセノミコト】＊二男は【イナヒノミコト】

＊三男は【ミケヌノミコト】

◎四男が【ワカミケヌノミコト】亦の名は【トヨミケヌノミコト】

亦の名は【カムヤマトイハレビコノミコト】

この【カムヤマトイハレビコノミコト＝神倭伊波禮毘古命】は、

『古事記』中巻には【東征して】、

◎最後の御名は、【神武天皇】と呼ばれたと記録されている。

◎糸島の【伊都国】三代目の墓は、【神武天皇】の【母】の墓であった。

◎この墓が、昭和四十年に発見され、その発掘調査報告書は、☆原田大六著『平原弥生古墳──大日靈貴の墓』として、発刊されている。

◎糸島の【伊都国】三代目の【後漢中期の鏡と八咫鏡】を副葬していた【玉依姫】・【神武天皇】の【母】の墓に、【本著書】『日本は太陽の国』『【伊都国】は日本最初の【伊の都】』──平原王墓に八咫鏡──。の主題である1の【八咫鏡】が四面と、2の【八尺勾瓊之五百津之御須麻流之玉】が、理論や想像ではなく真実【副葬】されていたのである。

◎この事実が【三種の神器】の内【八咫鏡と勾玉】の【原点】であることを忘れてはならないのである。なお【草薙の大刀】の起原については、出雲の歴史の中で検証する。

7　【三種の神器】の次の記録

◎　1の【八咫鏡】と3の【草薙剣】が、次に日本の歴史として【記・紀】に記録されているのは、
◎　十代「崇神天皇」の時代の・著書『古語拾遺』である。

　その著書・斎部広成撰『古語拾遺』の記録によれば、

◎「十代崇神天皇」の御代

［磯城《しき》の瑞垣《みずかき》の朝《みかど》に至《いた》りて、漸《やくやく》に神の威《みいきほひ》を畏《おそ》りて、殿《おほとの》を同くしたまふに安からず。故、更に斎部氏をして石凝姥神《いしこりどめのかみ》が裔《すゑ》・天目一箇神《あめのまひとつのかみ》が裔の二氏を率いて、更に鏡を鋳《い》、剣を造らしめて、護《まもり》の御璽《みしるし》と為す。是、今践祚《あまつひつぎしろしめ》す日に、献る神璽《みしるし》の鏡・剣なり。仍りて、倭《やまと》の笠縫邑《かさぬひのむら》に就《つ》きて、殊に磯城《しき》の神籬《ひもろぎ》を立てて、天照大神及草薙剣を遷《うつ》し奉りて、皇女豊鍬入姫命《ひめみことよすきいりびめのみこと》をして斎《いは》ひ奉らしむ。」と記録されている。

◎これは、崇神天皇の御代まで、宮中に有った本題の八咫鏡と草薙剣を、倭《やまと》の笠縫邑《かさぬひのむら》に就きて、磯《し》城《き》の神籬《ひもろぎ》を立てて、そこに遷された記録である。

8　令和の、現在・【三種の神器】の所在地は

⑴【宮中】には、本題の2の【八尺勾璁之五百津之御須麻流之玉】と新しく造られた1の【八咫鏡】と3の【草薙剣】がある、と記録されている。

⑵【伊勢神宮】には、本題の1の【八咫鏡】がある、と記録されている。

⑶【熱田神宮】には、本題の3の【草薙剣】がある、と記録されている。

(4)【平原弥生古墳】には、本題の1の【八咫鏡】四面と、本題の2の【八尺勾璁三個と五百津之御須麻流之玉】の一組が真実・副葬されていた。

◎4の【平原弥生古墳】の副葬品には【三種の神器】以外にも多数の副葬品があって、全てが平成十八年（二〇〇六）に【国宝】に指定されている。その詳細については、【発掘調査報告書】にて後述する。

四、第三章のまとめ

1　原田大六は

◎【平原弥生古墳】に副葬されていた、日本一の超大型青銅鏡・内行八花文八葉鏡を、【伊勢神宮の八咫鏡】と、大きさ・文様共に一致している事を実証している。

その【八咫鏡】こそが【三種の神器】の頂点に立つ【国宝中の国宝】である。

2　【八咫鏡】の重要性

(1)この【八咫鏡】の原点は、

◎【天照大御神】が天の岩屋戸に御隠れになった時に製作された【八咫鏡】である。

(2)その【八咫鏡】の意味を検証すれば、

◎【八咫鏡】は、【天照大御神】の【御霊代】である。
◎【天照大御神】の原点は【太陽】である。
◎【日本国】の、日本と言う意味も、【太陽】である。
◎【日本の国旗】の日の丸も、【太陽】である。
◎【天照大御神】の【御霊代】である、【八咫鏡】も、【太陽】である。
◎この【太陽】の【八咫鏡】が、歴代の【天皇】を守っている。

(3) その【八咫鏡】の歴史の原点が、
西暦一五〇年の【平原弥生古墳】の副葬品として、四面の【八咫鏡】が実在している事を、絶対に忘れてはならないのである。

第四章　【平原弥生古墳】発掘調査報告書の完成に向けて

一、【原田大六】が命をかけた執念

◎【原田大六】は、昭和二十九年に始まった、宗像郡沖の島の発掘調査に、作業員として参加していた。しかし、【原田大六】の特別の才能が、宗像神社復興期成会長の、出光佐三氏に認められ、すぐに調査員に抜擢されて活躍し、『沖の島』・『続沖の島』の見事な発掘調査報告書を完成しているのである。

☆その報告書によって、沖の島の出土品が国宝に指定されている。

◎その【原田大六】は、昭和四十年二月一日、平原の農作業で発見された【超巨大鏡】の破片を一目見て、【沖の島の国宝以上の国宝】が、我が目の前にある事の真実を実感したのである。

◎【原田大六】は【超巨大鏡】を目の前に見てその重要性を実感し、最高に興奮した情念を持って、「大《おお》事《ごと》の出来《でけ》た、大事《おおごと》の出来《でけ》た」と大声で親友の井上勇さんの家に駆け込んだ、気がつくと土足のまま畳の上に駆け上がっていた、と後で、【著者】はその事を聞いた。
◎また【著者】が知っていること、2、で発表しているように、平原遺跡の土地所有者のご夫妻が畳の上に居られた時に、【原田大六】は【土間に座して】物凄く真剣な態度でご夫妻に向かい【どうか私に遺跡の発掘調査をさせてくださいお願いします】と力強い声で頼まれている。その真剣な態度に感動して、ご夫妻は、【原田大六さん】を応援する事になったと言われている。
◎前記、二つのエピソードが語るように、他から見れば、【原田大六】は物凄く真剣な態度で、【原田大六】自身の命をかけた執念で、その後、【平原弥生古墳】の発掘調査を、福岡県教育委員会の調査主任として、不足分の費用は自分で工面し、百三日間をかけて【平原弥生古墳】の発掘調査を見事に完成しているのである。

二、発掘調査報告書の完成を目指して

1【原田大六】は、【遺跡・遺物・副葬品】には必ず

◎【発掘調査報告書】がついていなければならない。【発掘調査報告書】がついていてこそ、【遺跡・遺物・副葬品の真の価値】が認められる事を、十分に熟知していた。
その上に、この【平原弥生古墳】から出土した、【八咫鏡】四面と【三個の勾玉と約五百個の丸玉】は【三種の神器】である。この事の重大な意味を自覚して、必ず自分自身の手で【平原弥生古墳】の

【発掘調査報告書】を完成させるために、【原田大六】は心身共に燃えていた。

2 【平原弥生古墳】の【発掘調査報告書】を完成するために

◎ 先ず、【原田大六】が始めたのは、

① 【平原弥生古墳】出土品すべての記録とその整理復元作業であった。

◎ その中から、一例を挙げれば、【鏡】の問題がある。

☆ 【平原弥生古墳】出土の【鏡】は全て割れていた。その破片の数は一千点を超えていたのである。その破片の一つ一つには、発掘の時に、発掘場所と発掘番号を付けている。

【復元中の写真】は、82ページに掲載。

◎ 【原田大六】は、この一千点を超える鏡片の中から、大きさや文様等を考察しながら、一人で分類と復元作業に取り組んでいる。この作業で特に注意したのは、鏡片に付いている発掘場所と発掘番号である。その事を間違えないようにしながら、この作業は何年にもわたって真剣に続けられている。

②次に、必要なことは【発掘調査報告書】出版のための【資金】作りであった。原田大六は、日本国家の起原を研究し、それを著書として出版し、その印税で【発掘調査報告書】出版の【資金】に充てようとした。

第19図●『平原弥生古墳─大日孁貴の墓─』上巻384ページの写真　撮影:片山摂三

◎その、出版された著書は、次の通りである。

昭和四十四年『邪馬台国論争』三一書房（八〇〇〇〇部）
昭和四十八年『万葉集発掘―考古学による万葉発掘―』朝日新聞（一二〇〇〇部）
昭和四十八年『新稿・磐井の叛乱』三一書房
昭和四十九年『万葉集点睛（一）巻第一（上）』丸の内出版（三〇〇〇部）
昭和 五 十 年『万葉集点睛（二）巻第一（下）』丸の内出版（三〇〇〇部）
昭和 五 十 年『邪馬台国論争（上）（下）』（三一新書）三一書房
昭和 五 十 年『日本古墳文化―奴国王の環境―』三一書房
昭和 五 十 年『日本国家の起原（上）』三一書房（五〇〇〇部）
昭和五十一年『日本国家の起原（下）』三一書房（五〇〇〇部）
昭和五十一年『原田大六論』（原田大六後援会）中央公論事業出版（一五〇〇部）
昭和五十二年『卑弥呼の墓』六興出版（二二〇〇〇部）
昭和五十三年『雷雲の神話』三一書房（五〇〇〇部）
昭和五十三年『卑弥呼の鏡』六興出版（二〇〇〇〇部）
昭和五十五年『銅鐸への挑戦』１太陽か台風か　六興出版（二〇〇〇〇部）
昭和五十五年『銅鐸への挑戦』２殉職の巫女王　六興出版（二〇〇〇〇部）
昭和五十五年『銅鐸への挑戦』３誇り高き銅鐸　六興出版（二〇〇〇〇部）

昭和五十五年『銅鐸への挑戦』４破壊された銅鐸　六興出版（二〇〇〇〇部）
昭和五十五年『銅鐸への挑戦』５倭国の大乱　六興出版（二〇〇〇〇部）
昭和五十九年『阿弥陀仏経碑の謎――浄土門と宗像大宮司家――』六興出版（五〇〇〇部）

◎　特にこの昭和五十九年には、ＮＨＫテレビで全国に放送された邪馬台国シリーズの中で、【平原遺跡発掘の銅鏡】について、【原田大六】が【八咫の鏡】として説明している場面を、【昭和天皇】は大変興味深くご覧になられた様子で、宮内庁を通じ、【天皇陛下】が放送のビデオテープがほしいと、ＮＨＫ福岡局に要請があったため、正式に発送したこと。また、一般番組では異例中の異例だという趣旨の書簡が【原田大六】のもとに届いている。日付は同年十一月九日になっている、等を教えて頂いたのである。

三、運命の昭和六十年

１【著者】は、【平原弥生古墳出土品】の取り持つ縁によって

◎【原田大六先生】より、前記の著書の経過を直接に教えてもらい、その内容についても質問して、直接に解説していただくことが出来た。特に古代の出土品によって『古事記』『日本書紀』に書かれている神話を実在の歴史として、どうすれば実証出来るのか、ということを教えていただきながら二十年が過ぎた。昭和六十年の五月だけでも、三日、七日、九日、十一日、十六日の計五日も教えを受

けることが出来たのである。

◎ところが、その月の二十日午前十一時頃、【原田大六先生】の奥さん「イトノ夫人」から【著者】に電話があり、

☆「【主人の病気が重くて】、波多江病院の院長先生に来てもらいましたところ、すぐに入院した方が良いと言われますが、どうしても本人が入院しようと言いません、来てもらえないでしょうか。」

とのことだった。

◎【著者】は吃驚してすぐ駆けつけた。そして、【原田大六先生】に会って入院するように、真剣にお願いした。しかし、絶対に入院はしないと拒絶された。そこで、【原田先生】と親交のある九州大学の元学長・神田慶也博士に事情を話して、【原田先生】に必用な病院を探してもらえるようにお願いした。

第20図●西福岡病院

◎明けて二十一日、神田博士より探して頂いた、福岡市・西福岡病院への入院を【原田先生】に、イトノ夫人と【著者】で、強く真剣にお願いして、その日のうちに無事入院の運びになった。

そして【著者】は、その日から毎日病院に通っていた。

◎ところが、運命の五月二十五日のことである。この日も西福岡病院に行くと、イトノ夫人が、

「今、井手さん宅に電話したところです。こちらに向かっていると聞いて待

っていました。主人の体の具合が非常に悪い。それに病院を出て家に帰ろうとするのです。それで、今皆で連れて来て、お医者さんたちが点滴をするためにベッドにくくりつけられました。」と言われる。

中から大きな声がしている。【著者】はすぐその部屋に行った。病室が変わっていた。昨日まで二人部屋であったが、看護婦部屋の近くの一人部屋になっていた。【原田先生】は興奮状態がひどく、大きな声でなにか言ってあるが聞き取りにくい。良く聞くと【先生】は、

「はなせ、はなせ、切ってくれ、切ってくれ。」

と大声で、両手、両足の紐を打ち震わしている。それにつれて点滴の器具も震えているのである。【著者】は愕然とした。医師から言われ、イトノ夫人から頼まれ、【著者】もそれが良いと判断して、入院を拒絶される【原田先生】を説得して入院してもらったことが、はたして【原田先生】にとって良かったことなのかどうか。【著者】は心に深く痛恨することになった。

2 【原田大六先生】の気持ちは

◎「日本国家の起原の解明を目前にして、その証拠物件たる【平原弥生古墳発掘調査報告書の完成に命をかけた人間】が、病院なんかで死んでたまるか、自分が命をかけて準備したその発掘調査報告書の資料の中で、【最後の最後まで努力するんだ】と、必死になって【著者】に訴えてくる。その姿を【著者】は、目に、心に、焼き付けながら、どうしても【原田大六先生】の両手、両足の紐を切ることが出来なかった。

◎ この事があって、【原田大六先生】は、二日後の五月二十七日十三時三十二分に、同病院で六十八歳で永眠されたのである。

☆ 密葬は五月二十七日自宅で、本葬は六月九日法林寺で行われ、本葬終了後関係者は一室に集まって、【平原弥生古墳発掘調査報告書】についての話し合いがなされた。しかし具体策は出なかった。

四、初盆がすんだ十月

◎【原田大六先生】の仏前において、イトノ夫人と同席された、イトノ夫人の兄の福岡学芸大学教授で、日展審査員の原田新八朗先生が【著者】に言われるには、

「井手君、君が【大六君】の話を一番多く聞いていると思う。人と言わず後のことは君が何とかしないい〔※糸島の方言で「しなさい」の意味〕」

と強い要請を受けたのである。

◎ その時【著者】は、返事に困った。それは、学問の厳しさを嫌というほど見させていただき、とても【著者】に出来ることではないと分かっていながら、キッパリと断ることが出来なかった。それは、【原田大六先生】が最後の命を賭け、両手両足の紐を打ち振り、鬼気迫る様相で【著者】にタタキ付けられた**【平原弥生古墳発掘調査報告書を完成しなければ死ねない】**と言う真の願いが、私の心に焼き付いて離れないからであった。しかし、引き受けることも出来なかった。【著者】は、思い悩んだのである。

◎これに対する**【私のその悩みは】**、井手將雪著『倭女王 大日孁貴の墓―日神・天照大御神に仕える巫女・太陽の妻が証明された』の65ページの最後の3行目から、69ページに掛けて、詳しく発表しているので、この度は省略する。

◎そして最後に残ったのは、**【平原弥生古墳発掘調査報告書が完成しなければ「死ぬにも死ねない」原田先生の執念】**であった。

◎ここに【著者】は、その**【原田先生の執念】**に突き動かされて、何がなんでも**【平原弥生古墳発掘調査報告書の完成】**に向かい、一身に鞭打って【著者】が**【自分自身に出来ること】**で努力しようと決心した。そのことは、協力して下さる関係者に働きかけ、その関係者の縁の下の力になって、**【原田大六先生】の遺産である、素晴らしい学問の数々**を皆さんに取り次ぐ決心であった。

五、【著者】が取るべき道

1 考古学者【原田大六】の教え

◎この時点で、考古学者**【原田大六】の教え**の中から、【著者】が実行しようと決心したのは、

◎【本著書】の【まえがき】の2、の内容である。

◎**その内容とは、☆「正しい成果を出すには、【原点】から始めてその後【全体を】知る必要がある。そして【台帳なしでは】一片たりとも物を動かしてはならない。」**という**【原田大六】の厳しい教え**で

あった。

①、その【原田大六】が残した、【発掘調査報告書の原点】は、

☆【原田大六】が残した【資料】の中にあると【著者】は実感した。

◎その【資料】を【原点】にして【原田大六】が残した、【発掘調査報告書】の【資料】の【全体】を知るためには、【原田大六が残した三つの部屋の全部の資料と遺品】の内容を知らなければならないと決心したのである。

②、その【原田大六の三つの部屋の資料と遺品】とは、

☆原田家にある１、【平原遺跡出土品復元室】２、【書斎】３、【書庫】の、この三つの部屋の【資料と遺品】の事である。

③、そして、その全部の資料と遺品の中から、

◎【平原弥生古墳発掘調査報告書】に【関係する全ての資料の目録台帳】を作らなければならないと決心して覚悟を決めたのである。

六、皆の協力によって

1　第一の協力者は

◎**九州産業大学の【片山摂三教授】**であった。片山摂三教授は、昭和四十年の【平原弥生遺跡発掘

調査】の時には、【発掘調査主任・原田大六】の遺跡発掘調査の経過に併せて、沢山の【現場写真】を撮影されている。しかもそれは、無報酬で実行されているのである。

①、そして、【原田大六】の本葬が終わった、

◎ 昭和六十年六月十日に、【片山摂三教授】を訪ねた後援者の松吉氏と【著者】に、【片山教授】は、「原田さんの書斎の最後の在り方を僕も見たいので、近日中に皆を連れて撮影に来ます。」と話して下さった。

②、後日、六月十五日、【片山教授】は、

◎ お弟子さんをつれて原田家においでになり、【原田大六】が残した1、【平原遺跡出土品復元室】2、【書斎】3、【書庫】の撮影をして下さった。これによって、【原田大六】が残した【三つの部屋】の見事な現場写真を見ることが出来るようになったのである。

七、(第一の部屋)【平原遺跡出土品復元室】

1 この【平原遺跡出土品復元室】は、

◎ 便宜上【三つの部屋】の一つに数えている。しかし、この【復元室】は、【原田大六】が昭和四十五年四月に、【平原弥生古墳発掘調査報告書】作製のため【平原遺跡の全ての出土品を☆盗難と☆火災と☆天災を防ぐ専用の建造物】として、自宅の敷地内に自費で建築した、鉄筋コンクリート建て十

第21図●平原遺跡出土品復元室「棚には鏡が整然と整理されていた。そこに大六さんの得意の大きな笑い声が聞こえてくるようである」文と撮影：片山摂三

第22図●棚の箱の１号鏡

九・八平方メートルの堂々たる建造物である。

そして、昭和六十年六月十五日に、【片山摂三教授】が撮影された【復元室】の写真を見れば分かるように、【原田大六】は、木製の棚を作り、その棚に載せる木の箱を作ってその木の箱には、【平原遺跡の出土品】を何年も掛けて研究し整理して入れていたのである。これこそ、【原田大六】が【平原弥生古墳発掘調査報告書】の完成に向けて、心血を注いで準備していた正に真実の証拠物件であった。

2 【平原遺跡出土品復元室】を開く

◎この復元室の、鉄の扉に付いている四つの鍵を開けて【著者】が目にしたのは、【平原遺跡の出土品】の数々が見事に整理されて、実在している現場であった。

第23図●紙の箱七個の写真

3 【復元室】に作られている棚には、

◎ 五十一個の木の箱があってその箱には、【原田大六】が絶対に国宝になると信じて研究し整理して入れていた【平原遺跡の実に見事な出土品】であった。

先ず、五十一個の箱に番号を付け、その箱ごとに【原田大六】が出土品を整理して箱に収めたそのままの姿を協力者の納冨氏が撮影した。その出土品に付けられている解説文は、間違いがないようにそのまま【著者】が記録していった。

◎ 次に【棚の上】の、【紙の箱七個】

そこには、【原田大六】自作の見事な紙の箱が七個あって、その箱の中には、【原田大六】の苦労がわかる、沢山の資料が入っていた。

ここでは、その◎七箱の内【第一の箱】と【第四の箱】と【第六の箱】の中の資料を少し紹介す

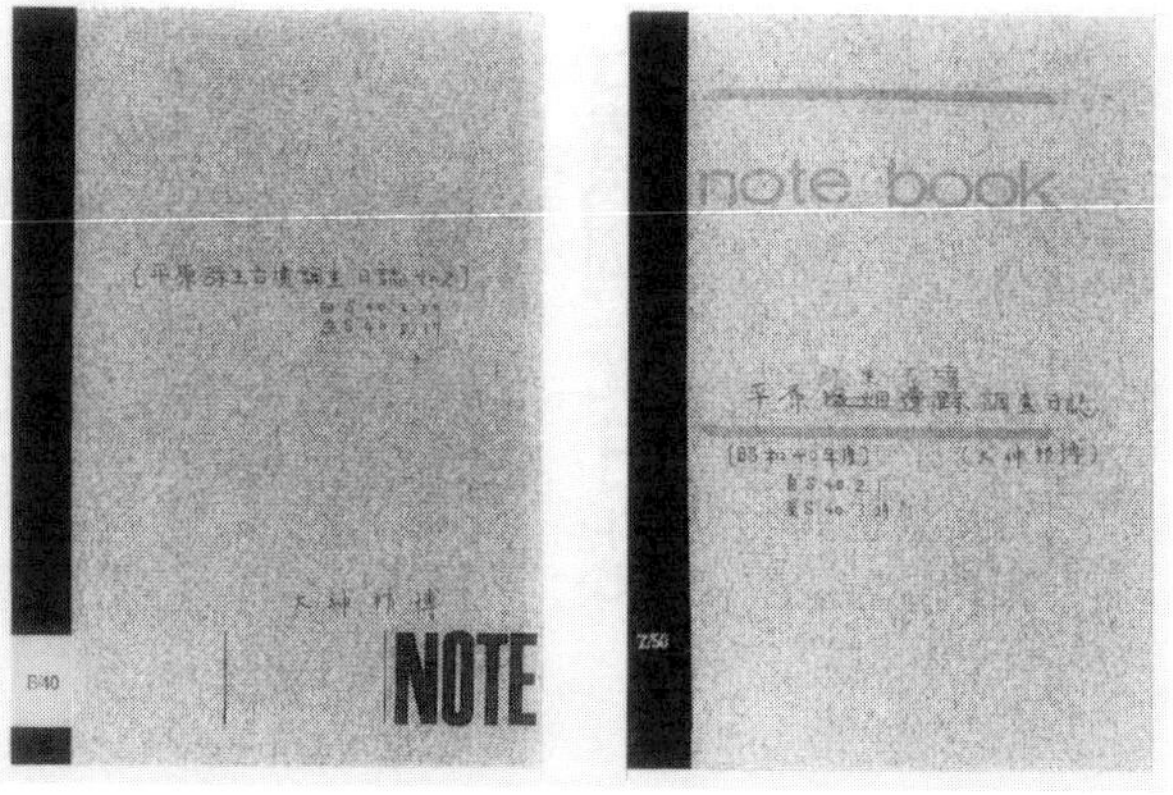

第24図●平原弥生古墳調査日誌

ることにしよう。

◇

【第一の箱】には、四個の袋があった。

・一個目の袋には、

(1)平原台地地形図、(2)鏡出土状態、(3)その他の資料を併せて二十枚の資料が納められていた。

・二個目の袋には、

(1)平原遺跡全地形測量図、(2)全地形平面図、(3)全地形断面図、(4)周溝断面図等の資料が納められていた。

・三個目の袋には、

平原弥生遺跡『中央土拡』、(1)木棺内勾玉・丸玉出土状態実測図七枚、(2)参考資料四枚、計十一枚の資料が納められていた。

・四個目の袋には、

(1)平原弥生遺跡殯宮柱穴実測図十三枚の資料が納められていた。

◇

【第四の箱】には、三個の袋があった。

・一個目の袋には、

(1)【平原遺跡発掘日誌】ノートの二冊があった。
(1冊目)は、【平原弥生古墳調査日誌】・大神邦博
　昭和40年度　自S40、2、1　至S40、3、29
(2冊目)は、【平原弥生古墳調査日誌】・大神邦博
　昭和40年度　自S40、3、30　至S40、5、17
と記録された、貴重な【平原弥生古墳調査日誌】二冊が納められていた。
・二個目の袋には、
(1)原色写真・図面用写真七枚、(2)発掘現場・素環頭大刀・スナップ等四十三枚、
(3)写真ネガ四袋の資料が納められていた。
・三個目の袋には、
(1)発掘調査事業実施計画要項、(2)糸島郡弥生式遺跡発掘調査員の委嘱について、
(3)発掘費用領収書五十一枚の資料が納められていた。

◇

【第六の箱】には、四個の袋があった。
・一個目の袋には、
(平)遺物鏡破砕状態
　(一)内行花文鏡　六面

四　螭　鏡　一面
(仿)大　鏡　(以前の分・二)
(仿)大　鏡　(発掘〃・二)
(仿)内行花文　(以前〃・一)
(舶)内行花文　(以前〃・一)
(舶)四　螭　鏡　(発掘〃・一)
(1)鏡破砕状態　⑩A1(大鏡)7―1
(2)鏡破砕状態　⑪B1(大鏡)7―2
(3)鏡破砕状態　⑫D1(大鏡)7―3
(4)鏡破砕状態　⑬D2(大鏡)7―4
(5)鏡破砕状態　⑭B2(内行花文鏡仿製)7―5
(6)鏡破砕状態　⑮B3(長宜子孫内行花文)7―6
(7)鏡破砕状態　④C3(流雲文縁方格規矩鏡)9―4
(8)鏡破砕状態　⑯C1(四　螭　鏡)7―7
(9)鏡破砕状態　㉝C4＋AB5(鋸方)鋸歯文縁方格規矩鏡
等の資料が納められていた。

・二個目の袋には、
(平) 遺物　鏡破砕状態 (二)
(1)鏡破砕状態 ①AB—1流雲文方格規矩鏡 9—1
(2)、(3)、(4)、(5)、(6)、(7)、(8)、の記録内容は略す。
(9)鏡破砕状態 ⑨D—7(尚流方) AB2、D6、と同型 9—9
⑨D—7流雲文縁方格規矩鏡
等の資料が納められていた

・三個目の袋には、
(平) 遺物　鏡破砕状態
(1)鏡破砕状態 ㊲D9+(e42) 一片(鋸方)、AB8と同型
Dの9(大半D区)鋸歯文縁方格規矩鏡一片e区出土
(2)、(3)、(4)、(5)、(6)、(7)、の記録内容は略す。
(8)鏡破砕状態 ㊱AB8(大半)+(e・D) 各一片(陶鏡方) D9と同型
鋸歯文縁方格規矩鏡 AB8
等の資料が納められていた

・四個目の袋には、
（平）遺物　収蔵庫分　三枚
(1)㉔鋸歯文縁方格規矩鏡
(2)㉕尚方作鋸歯文縁方格規矩鏡ＡＢ13、大半Ｄの二二一の一片
(3)㉘（尚方作？）鋸歯文縁方格規矩鏡
等の資料が納められていた。

②【金属製の二つの箱】

◎この【金属製の二つの箱】は、丁寧に封がしてあって、この中には、片山摂三写真館が撮影された、発掘調査当時の貴重な写真のネガが、沢山納められていた。

4【復元室】のその他の資料と遺品

◎【復元室】には、前記の資料と遺品の外に、沢山の資料と遺品があった。それらも残らず含め一品毎に確認して、見落としのないように記録した。

5【復元室】のまとめ

◎この復元室にある、【平原弥生遺跡の出土品】は、【原田大六】が日本国家の起原解明には、必ず必用な国宝中の国宝であることを自負して、その発掘調査報告書作製のために最後の最後まで、心血

を注いで準備していた資料の宝の山であった。

◎　この宝の山である【資料の記録】の写真撮影は、納冨氏、写真以外の記録は、小金丸氏と【著者】が担当した。

◎【私達】は【復元室】にある品々を一品ごとに確認して、見落としがないように十分に注意して真剣に記録していった。

◎　その結果、【平原遺跡出土品復元室】の記録作業は、皆の協力によって昭和六十年十二月いっぱいでほぼ終了することが出来た。

八、（第二の部屋）【書斎】

◎　この部屋の蔵書はイトノ夫人、蔵書以外の資料と遺品の記録は【著者】が担当して昭和六十一年一月一日より、その作業を開始した。

1　書斎東側の棚

◎　54、阿弥陀仏経碑関係写真181枚

55、57、58、59、60、61、65、84、120、132、192、227、228、245、の記録の内容は略す。

◎　252、オジロワシ資料、72ページ・原色日本鳥類図鑑

第25図●書斎の写真　撮影：片山摂三

遺品と資料の通し番号の内、表示した数字は【著者】が記録した、その資料と遺品の数字番号である。【以下同じ】

◎257、（本）考古・18ページ、鏡副葬（卑弥呼の鏡・48ページ）

263、330、333、419、437、461、464、の記録内容は略す。

◎485、分銅形土製品出土分布図一枚

2　書斎西側の棚

◎1、沖の島原図

2、3、4、5、6、7、8、9、11、12、13、14、216、217、253、254、255、403。405、406、412、413、444、556、557、の記録内容は略す。

◎582、桜ヶ丘銅鐸銅戈図版編兵庫県教育委員会

3　書斎北側の棚

◎204、いとしま全図⑪カフノミ（江）コヲノミ（現）可也海

九、（第三の部屋）【書庫】

◎この部屋の蔵書はイトノ夫人、蔵書以外の遺品と資料の記録は【著者】が担当した。

1　書庫東南側の棚

◎347、原田大六論　不要写真

352、562、639、641、650、654、655、656、657、660、661、696、697、698、701、708、709、710、715、726、730、732、741、775、776、777、778、779、782、783、821、837、838、839、840、841、842、843、844、845、846、847、848、849、850、852、854、859、861、862、866、867、868、869、870、871、872、873、874、875、876、879、880、881、882、885、886、887、889、890、891、892、895、897、905、906、907、908、909、910、の記録内容は略す。

◎912、航空写真「倭迹迹日百襲姫墓」（箸墓）

第26図●書庫の写真「書庫に一歩足を踏み入れると
書物が整然として粛然とした」文・撮影：片山摂三

2　書庫中・東側の棚

◎124、③縄紋式文化編年図集（土器等）

200、351、466、467、482、496、506、507、512、513、514、570、の記録内容は略す。

◎572、写真三枚　原田大六先生背振山頂にて

3　書庫中・西側の棚

◎208、②（袋）中国古鏡拓影見本

209、299、300、629、787、793、796、797、856、974、1019、1020、1021、1022、1023、1024、1025、1026、の記録内容は略す。

◎1030、①写真平原鏡多数　②図版平原の出土品等多数

4　書庫西側の棚

◎124、①（袋）古代の糸島第一輯資料図版写真等多数

125、238、293、518、519、522、553、554、555、559、560、563、584、585、586、621、622、722、728、729、732、733、734、735、737、739、749、751、752、755、の記録内容は略す。

◎778、師吉地区小字一覧図

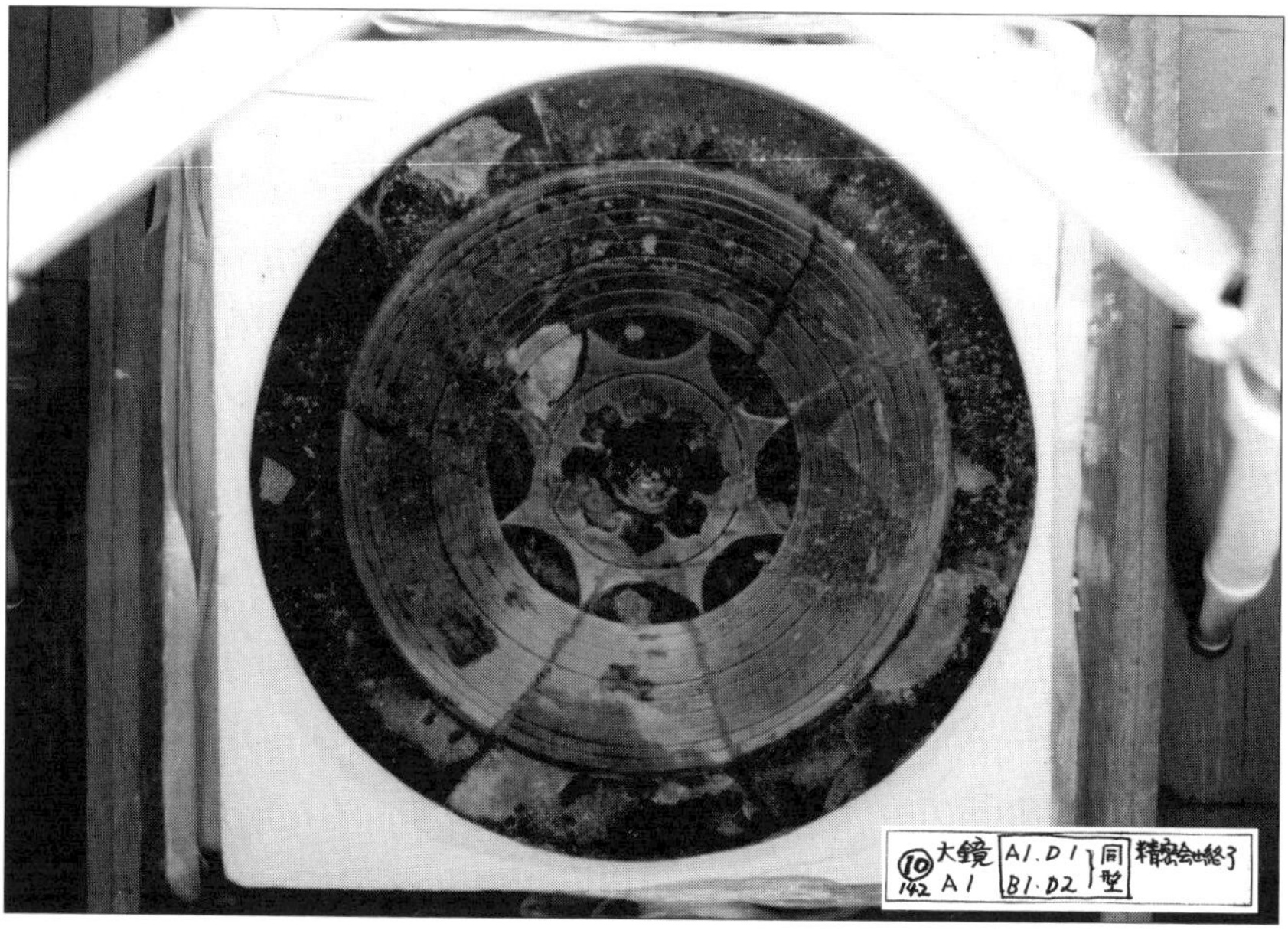

第27図●十号鏡の目録台帳

十、（全部の部屋）のまとめ

◎【書斎と書庫】の記録作業が終了したのは、昭和六十一年七月十五日である。この二つの部屋には、蔵書の外に原田大六の著書・原稿・図版・写真・ネガ・手紙・切抜帳等の遺品の中にも【平原遺跡関係】の資料が見事に整理して沢山収納されていた。

◎ここに、前の【平原遺跡出土品復元室】の記録と併せて、【原田大六】が残した【資料と遺品の全ての記録作業】を、皆の力によって終了することが出来た。

◎そして、その【三つの部屋】の【資料と遺品】の中から、【平原弥生古墳発掘調査報告書】の編集に必用な【資料の目録台帳】を作製したのである。この、【報告書の編集】に必用な資料の【目録台帳が完成】したことによって、関係者に相談できると思っていたが、その前にしなければならない作業があった。

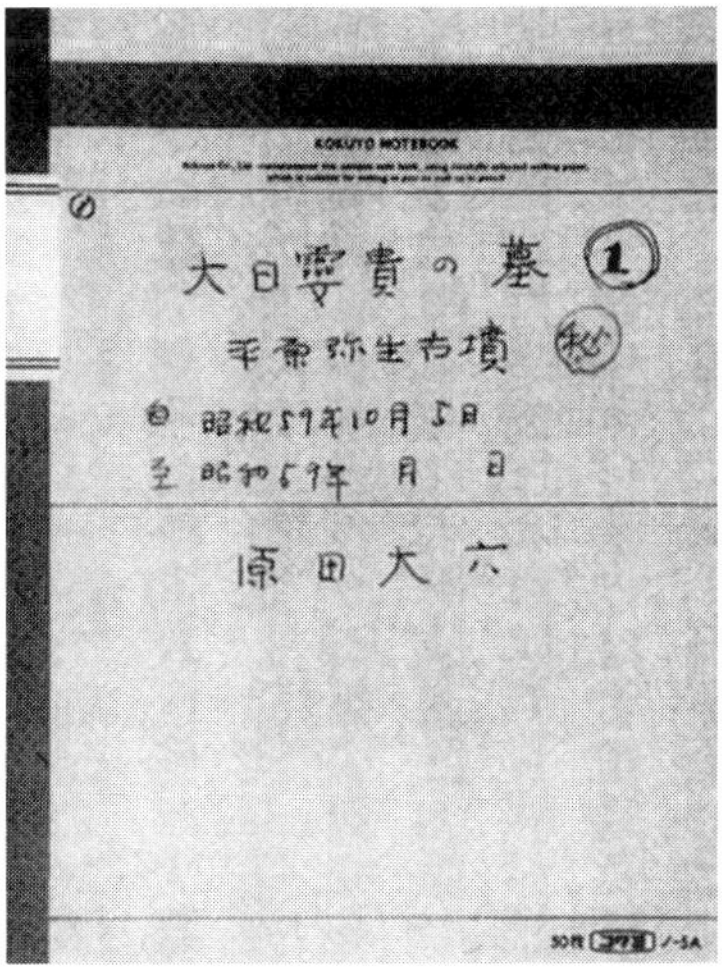

第28図●自筆の表題のノート

◎その一は、【原田大六】が【調査報告書の本文】のために準備していたノートである。全部で九冊あったが、一冊目のノートの表紙以外は全部白紙であった。しかし、表紙一枚とはいえ、この一枚に書かれた表題『大日霎貴の墓―平原弥生古墳』これが、調査報告書の根幹を決定する物であり、何回も持ち出せるものではない。これはコピーに取って準備した。ノートは台帳によって元にもどした。

◎その二は、平原遺跡の出土品である。これは持ち出せるものではない。最初に撮った写真を順番どおりに並べ、それに番号を付け、原田大六が付けていた鏡の略式名称、それに出土場所の記号、同型の有無、鏡の整理と復元の進行状況等を記入して、アルバム帳を作成した。

◎その三は、台帳によって平原遺跡関係のネガを全部選び出し、自由に見られるように写真にして、ネガは台帳通りに元に戻した。出来上がった約八百枚の写真は順番通りに並べ、写真一枚ずつに通し番号を付けて、アルバム帳を何冊も作成した。

◎その四は、実測図である。発掘当時に作成された実測図、鏡を整理と復元をして作成された実測図、合計すると百枚を超す実測図があった。これは本番以外には開けて見せる訳にはいかない。そこで、小金丸氏と【著者】で担当し、コピーにして準備した。本物は台帳によって元に戻した。

◎ その五は、調査報告書に必用な未発表の原稿と、平原弥生古墳調査日誌である。これも持ち出しには特別に注意がいるので、全部コピーするとともに、読みづらい所もあったので、イトノ夫人が清書された。原本は台帳によって元に戻した。

現物を傷つけないように、紛失しないように、間違いをおかさないように、細心の注意をしながら、祈るような気持ちで作業を続けて来たが、この段階でやっと、原田大六が準備した平原弥生古墳発掘調査報告書の資料を、人に見せて説明出来るようになったのである。

十一、平原弥生古墳発掘調査報告書編集委員会

◎ 平原弥生古墳発掘調査報告書の編集のために、原田大六が準備していた全ての【資料の目録台帳】が完成したことを、イトノ夫人と小金丸氏と【著者】で、元九州大学長の神田慶也博士に報告したところ、神田博士は非常に喜ばれて、「この【貴重な現物】と【資料の目録台帳】とがあれば報告書は出来ます。」との有難い言葉をいただくことが出来たのである。

◎ 今後のことについては、関係者で協議の結果、これだけ見事な宝の現物と資料を原田先生が準備されているので、皆で編集して出版した方が良いということになった。しかし、実務については、個人個人の勤務の都合もあるので、編集委員会への参加は、個人の意志によることになった。

◎ 昭和六十三年一月十九日、原田大六著『平原弥生古墳——大日孁貴の墓』の出版を目指して、委

員長に、理学博士で当時九州産業大学理事長・九州大学名誉教授・後九州産業大学長の神田慶也氏に就任して頂いて、平原弥生古墳発掘調査報告書編集委員会を、

委員長　神田慶也
委　員　片山摂三
　　　　菅　十一朗　小金丸俊光【前原町助役】
　　　　原田イトノ　井手將雪【著者】
協力者　渡辺正氣

のメンバーで結成し、発足することになった。

十二、平原遺跡出土の写真撮影

◎　最初の仕事は、平原弥生古墳出土品の移動準備であった。それは、新築されている前原町伊都歴史資料館の開館が、昭和六十二年七月に予定されていた。そこに平原弥生古墳の出土品を展示されることが、前原町とイトノ夫人との間で合意されていたのである。

◎【著者】は、前原町教育委員会より、その伊都国歴史資料館の開館業務を二月一日より嘱託されていた。編集委員と開館準備の両方の立場で、平原弥生古墳出土品の移動準備をしなければならなくなった。移動前には、しなければならない二つの仕事がある。

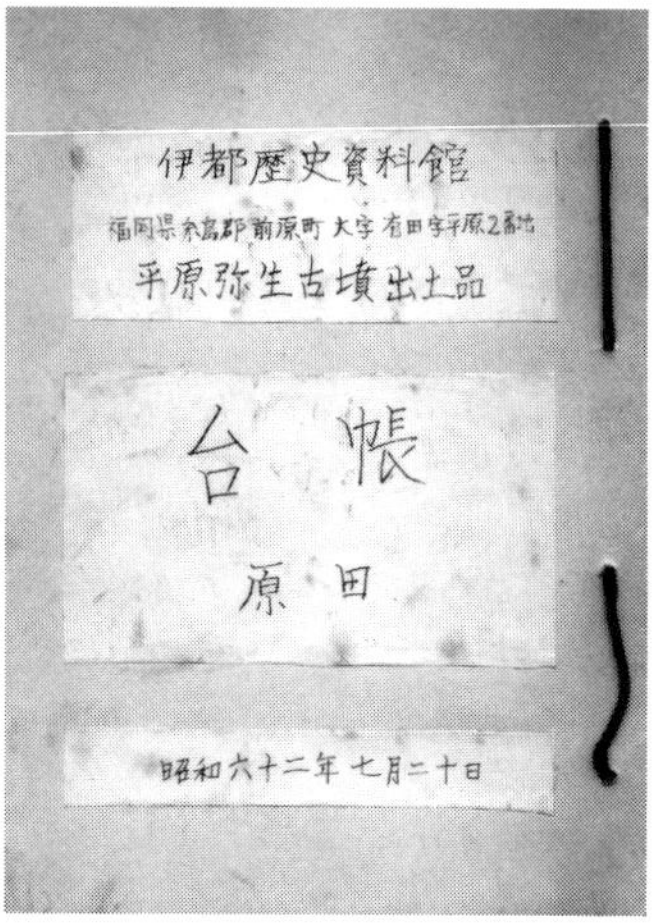

第29図●平原弥生古墳出土品台帳

◎その一は、正式の文化財台帳

平原弥生古墳出土品の目録台帳はあるが、移動するためには正式の文化財台帳が必用であった。しかしその作成の仕方については、【原田先生】から教わっていなかった。そこで、書庫の目録台帳を見て、【原田先生】が作られた文化財台帳を選び出し、それをイトノ夫人と良く検討して、【原田先生】作成の文化財台帳の型式通りに、平原弥生古墳出土品台帳を作ることにした。書き込みに必用な資料は全て、【原田先生】の研究資料の中から【著者】が選び出し、書き込みは、イトノ夫人の担当によって、別に写真も添えて、遺物番号一号から、遺物番号六十三号まで、一三〇ページの文化財台帳を作った。写真は平原弥生古墳出土品台帳。

◎その二は、平原弥生古墳出土品の調査報告書用写真の撮影（昭和六十三年一月から開始）である。

この度は、【原田先生】が整理復元された遺物と、整理されてはいるがまだ復元前の遺物と、まだ整理途中の遺物があり、その内の復元された鏡の写真とか、玉類の写真は少しあるが、報告書に収録する遺物の写真は、同じ会社の、同じ条件で作られたフィルムを使い、同じ条件で撮影した写真にしようと、この度は、編集委員会で一括して全部、それも、カラーフィルムと白黒フィルムの両方で、撮影しようということになった。撮影者は、九州産業大学芸術学部写真学科の当時は助教授、後に教授で編集委員の、菅十一郎氏である。遺物である鏡の取り扱いは【著者】が担当した。

撮影には、幾つかの障害と幾つかの問題があったが、拙著『倭女王―大日孁貴の墓』で詳しく発表しているので、この度は省略する。

そして、全部の撮影が終了した。心血を注いで平原遺跡出土品の撮影が終了して、思い残すことのない満足感と、報告書の見事な写真が完成した事への喜びでいっぱいであった。しかし、まだ問題は残っていたのである。

十三、平原弥生古墳発掘調査報告書の編集

報告書編集委員会の最初の方針は、【原田先生】が二十年間努力して準備された資料の、そのままを、編集しようと考えていた。しかしその後、伊都歴史資料館の開館によって、平原弥生古墳出土品の全面公開が早期に実現した。また遺物の分析調査の結果分かった事もあり、そのような情勢の中で、沢山の人からの助言もありそれを編集委員会で検討して方針を決め、作業を進めた。
◎ その一は、調査報告書【上巻の本文】と、その他の、資料の編集であった。
◎第一編は、平原弥生古墳調査報告　大日孁貴の墓　原田大六著
として、第一章から第五章までは　主に・原田大六著『実在した神話』と未発表の『悲劇の金印』から抜粋して、原田大六の気持ちになって編集した。
☆第一章　平原弥生古墳とその発掘調査

☆第二章　平原弥生古墳とその考察の
第一節・一の鳥居は日向峠へ。
第二節・二の鳥居は高祖山へ。
第三節・天体観測の遺跡。
第四節・【八咫の鏡】。
☆第三章　弥生時代とその考察の
第一節・漢文化の導入。
第二節・倭王（筑紫大王）の墓。
第三節・王妃墓と将軍墓。
第四節・諸国王の墓。
☆第四章　日本神話とその考察の
第一節・神話の創生。
第二節・神話と史実の食いちがい。
☆第五章　平原弥生古墳の被葬者の
第一節・平原弥生古墳の被葬者は大日孁貴。
☆第六章　諸資料の分析と調査結果の報告の
第一と二節・青銅鏡と玉類の分析結果を報告。

第三節・武器についての報告。
第四節・朱についての報告。
第五節は・鉄器（周溝内出土の鉄器）についての報告。
第六節・土器についての報告。
第七節・石器についての報告。
第八節は、まとめを報告。
☆第七章　復元、修理、措置の記録の
第一節・平原弥生古墳出土品の記録。
第二節・平原弥生古墳出土品修復修理の記録。
第三節・平原弥生古墳出土品修復保存措置の記録。
☆第八章　平原南西弥生古墳？

◇

◎第二編は、「平原弥生古墳調査日誌」である。
◎第三編は、「原田大六先生年譜ほか」を編集した。
◎その二は、
◎発掘調査報告書の【下巻の編集】である。
☆図録一は、中央土壙内副葬品の写真・五十一枚。

これの中にある鏡の写真は、原田大六が命を掛けて整理復元した【命《いのち》の鏡】を、菅 十一郎先生と【著者】で苦心して真剣に撮影して、見事に完成した国宝の鏡の写真である。その他の国宝の副葬品の写真もある。

☆図録二は、発掘記録の写真・八枚。

これの、写真の撮影は・片山摂三写真館で、キャプションは、【著者】が担当した。

☆図録三は、発掘調査の写真・八十八枚。

これ等の、写真の撮影も・片山摂三写真館で、キャプションは、【著者】が担当した。

☆図録四は、発掘調査実測図・六十八枚。

実測図には、それぞれキャプションがついている。見事な実測図である。

☆図録五は、鏡と破砕鏡片接合図・四十九枚。

＊上段にある、鏡の写真は・原田大六が整理復元した写真。下段の左の鏡の写真は編集委員会の写真。右の実測図は・原田大六の実測図に、編集委員会が書き足した実測図（第30図参照）。

＊上段に原田大六の写真があって、下段に写真がない実測図は・原田大六の実測図。＊【八咫の鏡】の写真と実測図は・原田大六が整理復元したもの。＊そして、179ページ（●129号）、181ページ（●131号）、182ページ（●132号）に掲載の鏡片は・原田大六が整理した鏡片ではあったが、これ等の鏡片は全て他の鏡に移動した。その詳細は、そこに付いているキャプションを見ればわかる様に編集した。これによって、四十二面に編集されていた鏡の枚数は、三十九面になった。

●134号（陶鋸方）

●21号鏡

●31号鏡　鏡片接合図

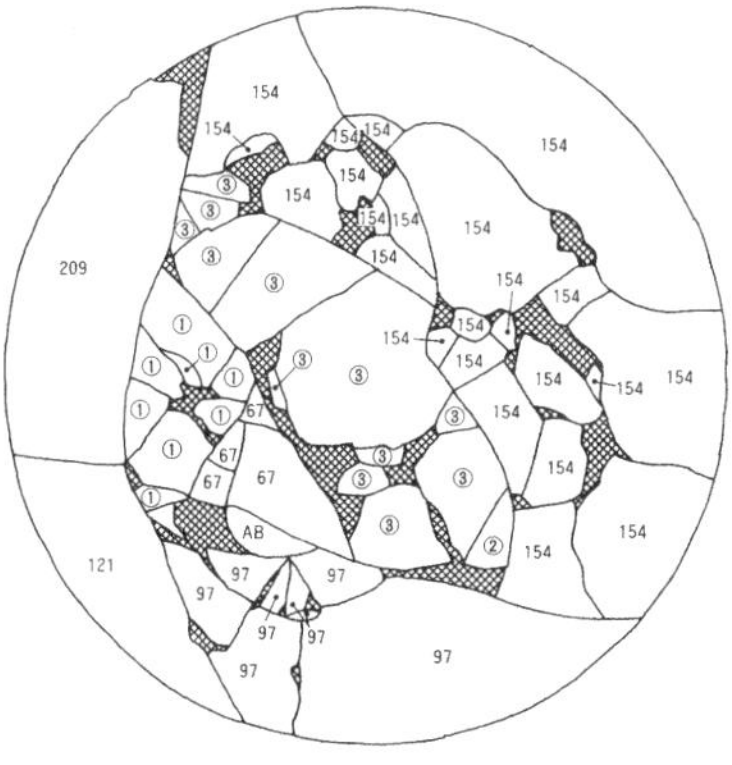

●鏡片移動
①は、(No.90) 129号から
②は、(No.99) 132号から
③は、(No.211) 132号から

34　134　陶鋸方　三十一号鏡　陶氏作鋸歯文縁方格規矩四神十二支鏡
舶載鏡　径18.8cm　三十一・三十二号鏡は同鏡

第30図●上の写真は原田大六、下左の写真は編集委員会の写真、下右の実測図は合作

☆図録六は、鏡の厚さ測定表・九枚。
＊小数点二桁まで原田大六調査主任が測定している。
☆図録七は、周溝内土壙副葬品・十二枚。
＊写真を見て、キャプションを読んで理解して頂きたい。
☆図録八は、その他の出土品・二十七枚。
＊これも、写真を見て、キャプションを読んで理解して頂きたい。
☆図録九は、十二号鏡修復修理用一部鏡片・八枚。
＊鏡面の拡大写真を見れば、ビックリする。
◎付編一は、
☆平原東古墳写真と実測図・二十三枚。
＊これは、古墳時代の古墳である。
◎付編二は、
☆平原弥生式土器窯と工房址写真と実測図・十九枚。
＊平原弥生式土器窯と工房址と水くみ場の【井戸】が発見されている。
◎その三は、
＊その他の主な記録である。
［昭和六十二年・以降の記録］

第31図●伊都国歴史資料館で、平原弥生古墳出土品の【八咫鏡】を含む最初の一般公開。

＊七月二十日、原田家復元室より、国宝運搬車で、伊都国歴史資料館へ出土品を搬入する。

＊七月二十五日、伊都国歴史資料館開館

＊八月一日・八日、報告書出版のため、葦書房の久本三多社長と会見。

［昭和六十三年］

◎十一月二十七日、泉屋博古館長樋口隆康氏来訪。未整理の鏡片を更によくまとめるよう要請さる。

【この、樋口氏の要請を受けて、編集委員会では、原田大六先生が平原弥生古墳出土の千片以上の鏡片を四十二面に分けて整理されていた鏡の内、見事に復元されていた鏡［七・八・十・十一・十二・十四・十五・十六・十七・十八・三十八各号鏡］を除く他の鏡の鏡片を、編集委員全員で見直すことにした。】

［昭和六十四年・平成元年］

＊一月三日、六日、十一日、十四日、実物大の写真で鏡片を切り抜き、写真切り抜きの鏡片で鏡の復元作業を実行し、その後、実物の鏡片で精密合わせを終了した。

第32図●八咫鏡周側面の櫛歯文様　撮影：菅 十一郎

◎一月十二日、井手將雪【著者】、八咫鏡の周測面に櫛歯文を発見。【これについては、平原弥生古墳発掘調査報告書・上巻の179～183ページに、写真を入れて編集委員長の文章で詳細に記録している。】

三月十一日・十二日、斎藤忠氏来訪、報告書の序文を依頼。

四月二十三日、本田光子氏来訪、朱の分析を依頼。

◎七月二日、写真の鏡片で移動して、実物の鏡片で精密合わせを終了した、その記録の清書が終わって。鏡の総数 は四十二面でなく三十九面と決定。

◎九月十三日、馬渕久夫、西田守夫の両氏来訪、

＊整理された三十九面の鏡の【錆】を採取。【錆】は、鉛の同位体比分析用として。

◎十二月四日・五日・六日

＊新たに精密合わせを終了した、鏡の写真撮影を実行。

[平成二年]

◎七月十八日～十月一日、渡辺正氣氏、この間に玉類の中から【耳璫《じとう》】を発見。玉類、砥石、【耳璫】などの調査、原稿仕上げ。

[平成三年]

＊二月七日、三十三号鏡から二十二号鏡へ渇の文字の鏡片移動。
＊二月九日、三十三号鏡と二十二号鏡の写真撮り直し。
◎ここまで来て、平原弥生古墳発掘調査報告書、上・下二巻の編集がやっと終了した。

十四、待望の【平原弥生古墳】発掘調査報告書の完成

◎それは、考古学者【原田大六】が、
平原弥生古墳発掘調査報告書を完成しなければ、【死ぬにも死ねない】と言って、旅立ってしまったのが昭和六十年五月であった。それから、六年と六ヵ月が過ぎていた。
◎平成三年十一月三日に待望の【発掘調査報告書】が完成したのである。
その【発掘調査報告書】は、

◎原田大六著『平原弥生古墳――大日孁貴の墓』上下巻

☆編　集　平原弥生古墳調査報告書編集委員会　委員長　神田慶也
☆発行人　久本三多
☆発行所　葦書房有限会社
☆印刷製本　凸版印刷株式会社
☆デザイン・レイアウト　遠藤　薫

◎ その内容については、

【本著書】

『日本は太陽の国』

第一部【伊都国】は日本最初の【伊の都】――平原王墓に八咫鏡――に関係する事柄で、【最重要事項】だけを発表することにしよう。

第五章　原田大六著『平原弥生古墳——大日孁貴の墓』

一、【糸島の伊都国は日本国家の起原】

◎【原田大六】は、昭和四十四年に発見された。＊【平原弥生遺跡】の調査主任となり、入念に発掘調査を完成した。

◎その【遺跡の発掘調査】には、＊【必ず発掘調査報告書】が必要であると確信していた。

◎その【原田大六】は、その後二十年間の長きにわたって、

＊【伊都国】の遺跡・遺物・副葬品の【検証】と、【倭国】の弥生時代の【研究】と、【記・紀】の【解読】によって【平原弥生古墳発掘調査報告書】の実在の研究資料を準備していたのである。

◎しかし、報告書の完成を見ずに【原田大六】は永眠した。

＊その【原田】が残した【貴重な出土品の原物とその研究資料】を基にして編集されたのが、

◎【原田大六著『平原弥生古墳—大日孁貴の墓』】＊である。その報告書に記録されている。

二、【最重要事項】その【壱】

【伊都国は日本国家の起原】である。

＊その真実が【実証された】事である。

1　証拠物件その（1）

＊その証拠は、『魏志』倭人伝の記録、【伊都国に世々有王】【古事記】の【天孫は伊都の地に降臨した】

＊その証拠は、【伊都国】に実在した【三代の遺跡】

(1) 一代目の遺跡は、【三雲南小路遺跡】で、①前漢鏡三十五面と、②勾玉と、③銅剣の【三種の宝物】を副葬していた。

(2) 二代目の遺跡は、【井原鑓溝遺跡】で、①後漢初期の鏡二十一面を副葬していた将軍の墓である。高祖神社に祭られている二代目の倭王の墓は、まだ見つかっていない。

(3) 三代目の遺跡は、【平原弥生古墳遺跡】で、◎【三種の神器】の①【八咫鏡を四面】と、◎【三種の神器】の②【三個の勾玉と五百個の丸玉】と、それに☆【三種の宝物】の③鉄素環頭大刀の副葬が有り、それに加えて、④後漢中期の鏡三十五面をも副葬していた。副葬品は全て国宝に指定されている。

三、【最重要事項】その【弐】

【日本国家の起原】が【三種の神器】で実証された。

1　証拠物件その（2）

◎【古事記】の【天孫は伊都の地へ降臨した】

＊【平原弥生古墳】に実在した【八咫鏡】

◎三種の神器・【八咫鏡】の証明

(1) 古代から現代まで【八咫鏡】は、【三種の神器】と言われて、伊勢神宮で祭られていると発表されている。その伊勢神宮の【八咫鏡】と、◎大きさ・文様共に【一致する鏡】が『平原弥生古墳』には、◎【八咫の寸法】ある【内行花文八葉鏡】として、四面も副葬されていたのである。

農作業で発見された【八咫鏡】（第33図）を124ページに掲載。

◎十号鏡　　　　◎十一号鏡

◎十号鏡の実測図　　◎十一号鏡の実測図

(2) 副葬されていた◎【八咫鏡】四面の内、二面の十号鏡と十一号鏡は、被葬者頭部の【A区とB区】にあって、農作業で掘り出されているにも関わらず、この二面の大鏡は【鏡片が全部揃っていた】。

②11号鏡　八鏡鏡　径46.5㎝

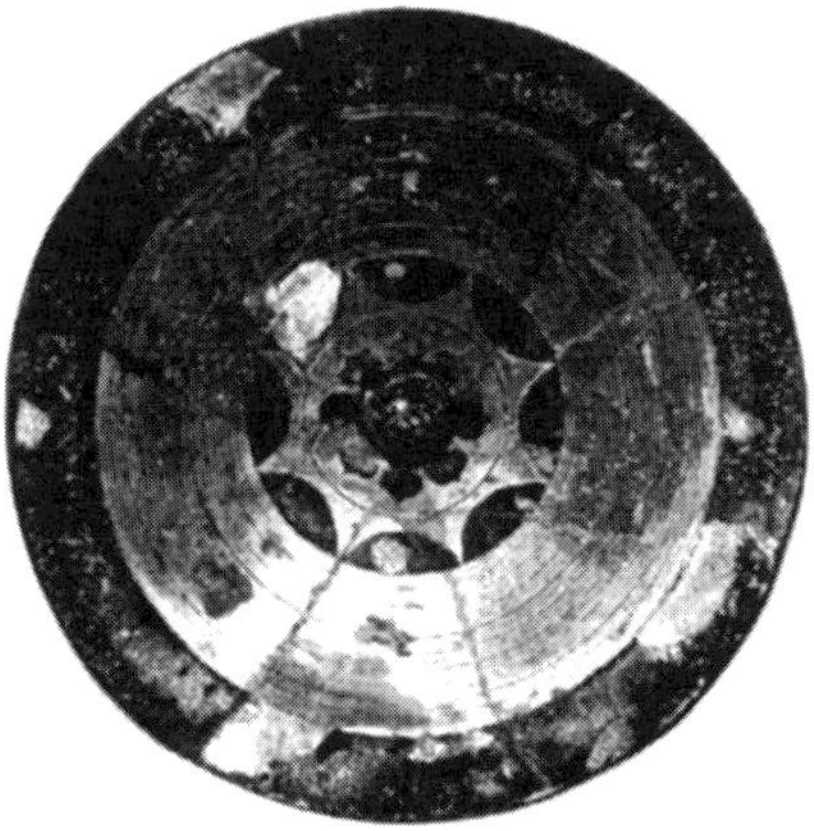

①10号鏡　八咫鏡　径46.5㎝

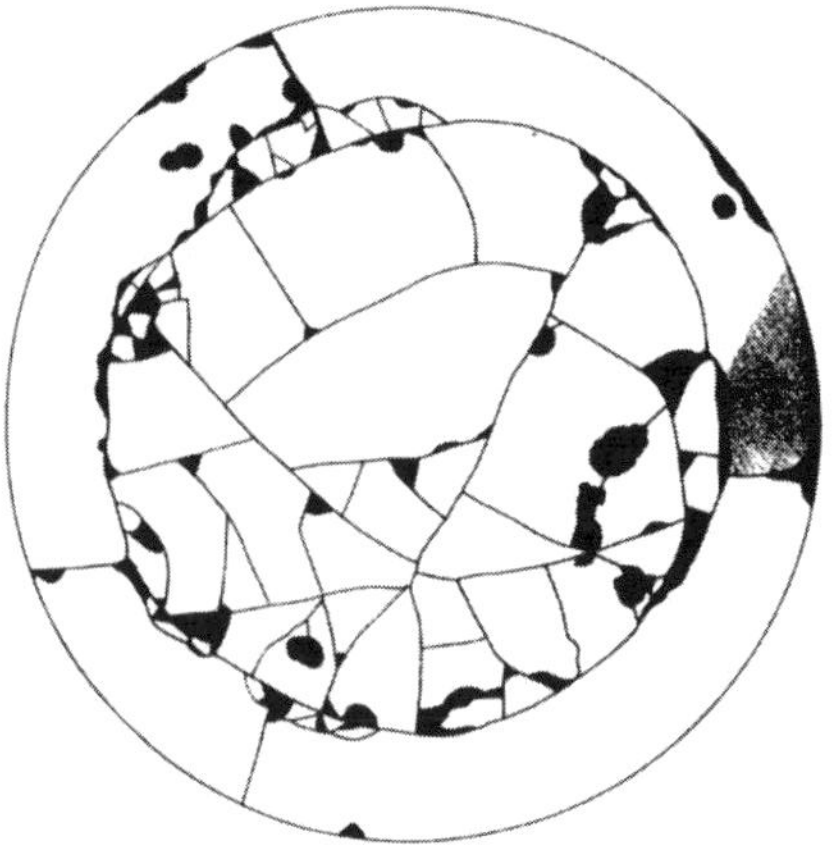

②11号鏡　八咫鏡 実測図

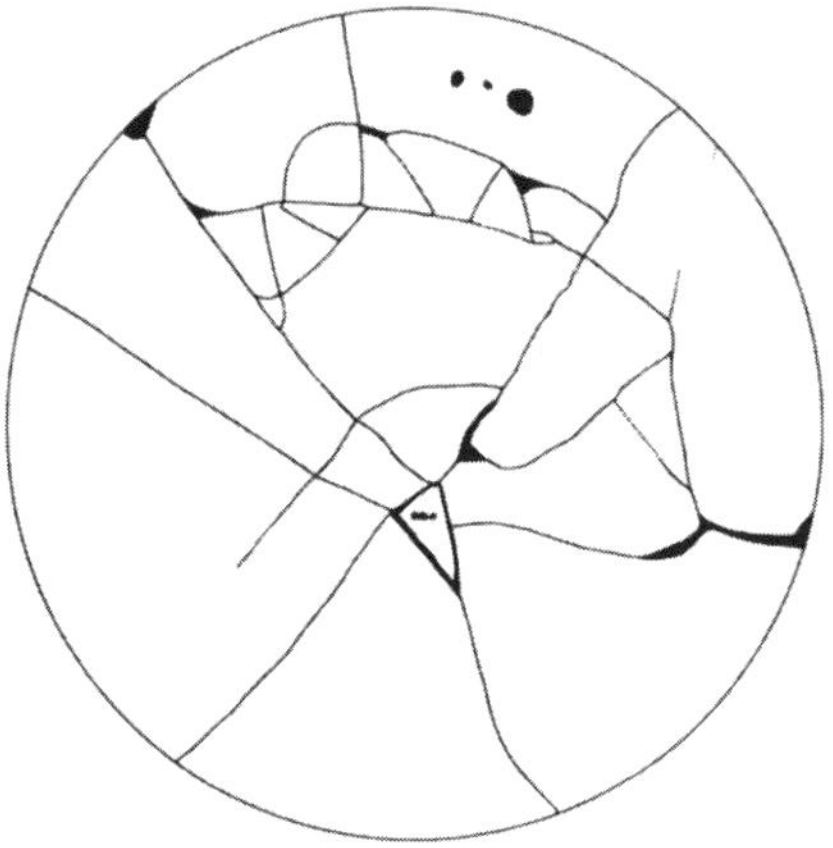

①10号鏡　八咫鏡 実測図

第33図●農作業で発見された【八咫鏡】

④13号鏡　八咫鏡　径46.5㎝

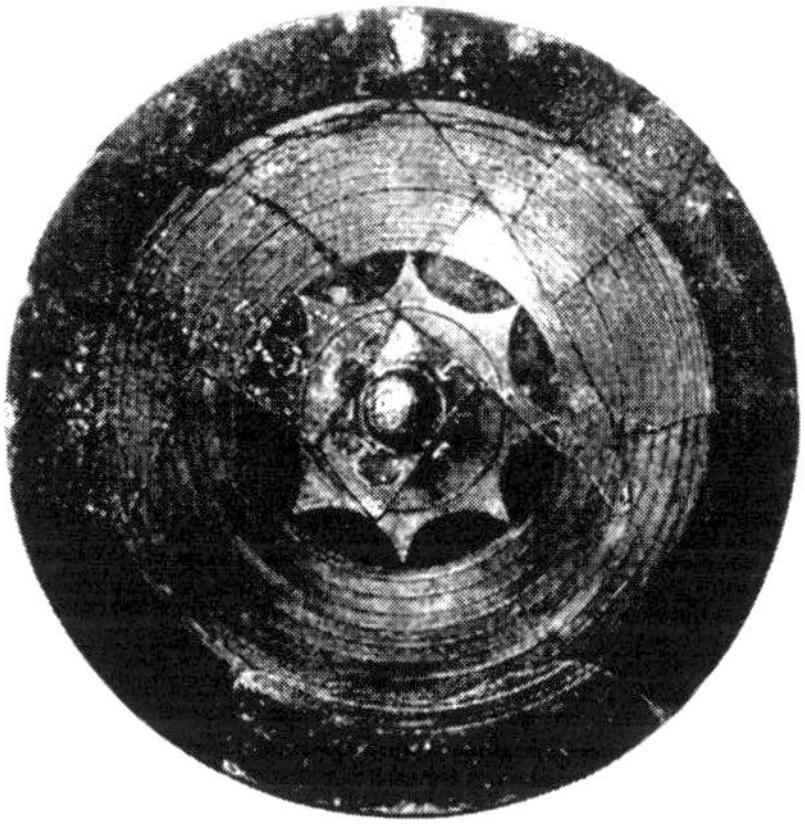

③12号鏡　八咫鏡　径46.5㎝

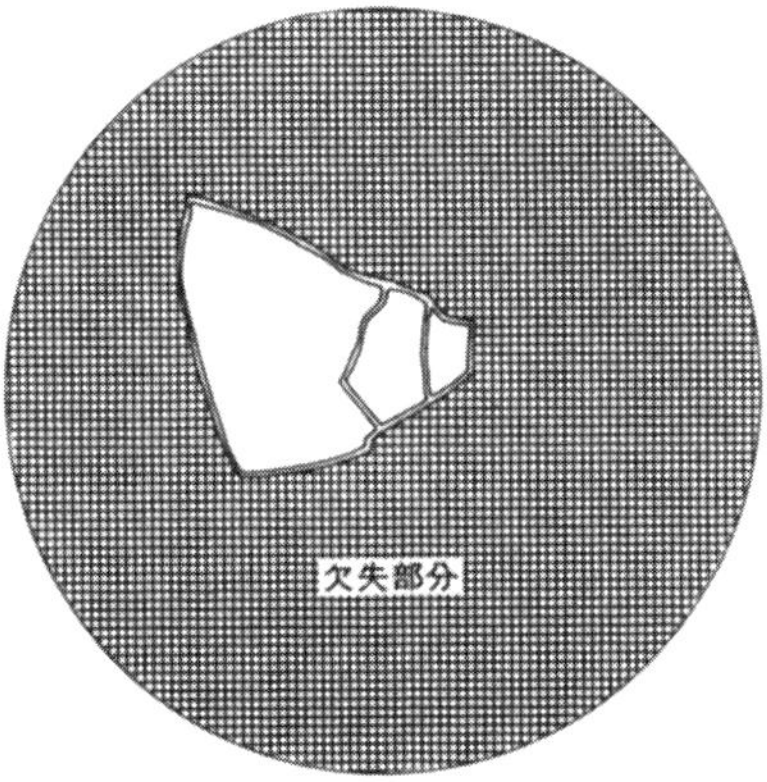

④13号鏡　八咫鏡 実測図

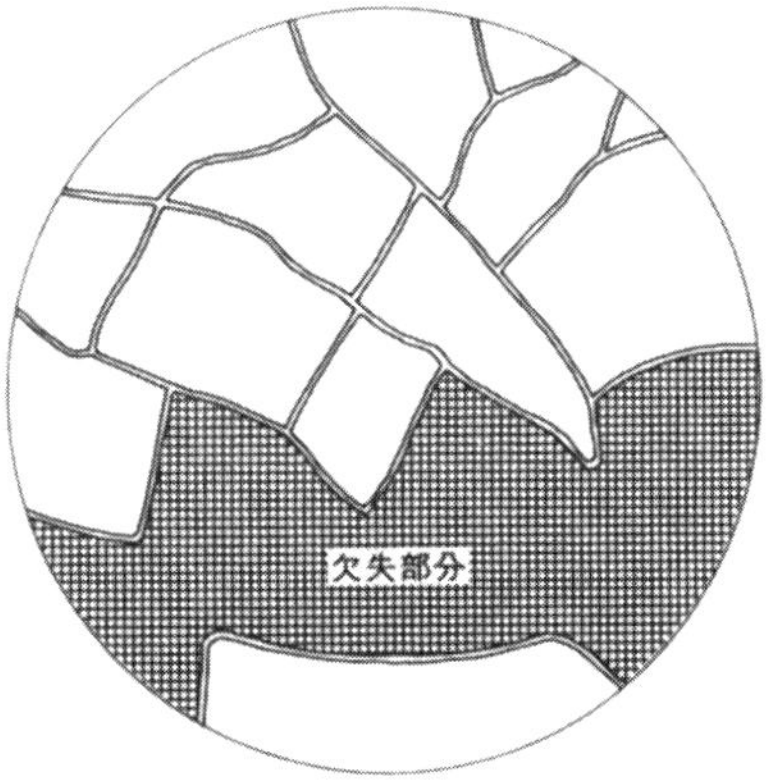

③12号鏡　八咫鏡 実測図

第34図●学術調査で発見された【八咫鏡】

他の二面の十二号鏡と十三号鏡は被葬者足部の【D区】にあって、学術調査によって発見されたが、ともに鏡片が不足していた。

学術調査によって発見された【八咫鏡】（第34図）を125ページに掲載。

◎十二号鏡　　◎十三号鏡

◎十二号鏡の実測図　　◎十三号鏡の実測図

◎【八咫鏡】のまとめ

⑴【八咫鏡】は、【天照大御神】の御魂代である。その【天照大御神】は、『記・紀』の中で、天孫降臨の時の【天照大御神】もあり、それ以外にも幾つもの【天照大御神】の事が記録されている。

◎しかし、絶対に忘れてならない【八咫鏡】が副葬されていたのは、【伊都国】三代目の【倭の女王】玉依姫・神格名大日孁貴《おおひるめのむち》・神名【天照大御神】のお墓【平原弥生古墳】だけである。

⑵その【八咫鏡】の原点である、何時、何処で、誰が、何のために作製したかの記録は、『古事記』の神代史の中に実在することを、【原田大六】は、この【平原弥生古墳発掘調査報告書】の原田大六著『平原弥生古墳―大日孁貴の墓』の中で、真剣に命をかけて実証しているのである。

2　証拠物件その（3）

前記の◎【八咫鏡】と、共に【平原弥生古墳】に副葬されていた。

◎【三個の勾玉と五百個の丸玉】も、【三種の神器】である。本書68ページに【勾玉と約五百個の丸

第35図●割竹形木簡の中央部に副葬されていた勾玉３個と約500個の丸玉は白囲み部分。その拡大図は68ページに掲載の第18図。

玉】の写真掲載。

(1)『古事記』に記録されている◎八尺勾璁之五百津之御須麻流之玉《やさかのまがたまのいほつのみすまるのたま》は、【三種の神器】として皇居で祭られていると発表されている。その文字の意味を解読すると、①八尺勾璁とは、イヤサカの勾玉で、【繁栄する勾玉】のこと、②五百津《いほつ》とは、【五百個】のこと、③御須麻流之玉《みすまるのたま》とは、【御統《みすまる》で統率《とうそつ》の玉】(『広辞苑』第六版)のこと。

【原田大六】は、『古事記』に記録されている、この◎八尺勾璁之五百津之御須麻流之玉と【平原弥生古墳】の中心部に副葬されていた◎【三個の勾玉と約五百個の丸玉】とは、記録されている文字に違いはあるが、その【意味内容は同じ】であると論証している。

3 【伊都国は日本国家の起原】のまとめ

(1)【伊都国】と言う【文字】の最初の記録は、『魏志』倭人伝にあった。そして、【伊都国】には【世々有王】とも、記録されている。これによって、【伊都国】は・日本最初の【伊の都】であった事が判明した。そして、糸島の【伊都国】には、【世々有王】の記録を実証出来うる遺跡が、実在しているのである。

(2)『古事記』にも、【伊都】の文字があり、その記録によれば、

◎【天孫降臨】は、【伊都の地】を分けに分けて天降りしたと記録されている。そして、その地には、三代の倭王がいたことも記述されているのである。

(3)その、◎【天孫降臨】の【伊都の地】が、【伊都国】に実在する三代の倭王に関係する遺跡と副葬品によって、実証されている。
(4)特に、三代目の【平原弥生古墳】の被葬者は、実名・【玉依姫】・神格名【大日孁貴《おほひるめのむち》】・神名【天照大御神】と呼ばれた【倭の女王】で、そのお墓に、【八咫鏡】と【三個の勾玉と五百個の丸玉】が真実・副葬されていたのである。
(5)『記・紀』によれば、【玉依姫】の四男が、【神倭伊波禮毘古命】で、東征して第一代の【神武天皇】になられたと記録されている。
(6)これらの証拠によって、【伊都国は日本国家の起原】である事が実証されているのである。

四、【最重要事項】その【参】

1　【糸島の伊都国は天皇の故郷】

(1)【原田大六】は、昭和二十七年三十五歳の時に。三月八日から十一月十五日まで『糸島新聞』紙上に『天皇の故郷』（一七〇枚）を三十四回にわたり連載している。
(2)昭和二十七年頃は、考古学の遺跡や資料が少ない時代である。
その資料の少ない中から、【原田大六】は、【伊都国】の記録とその遺跡・遺物を真剣に研究して、『天皇の故郷』と言う、先見のある論文を発表していたのである。

(3) そして、昭和四十年二月一日、知らせを受けて駆けつけた、【原田大六】の目の前に有ったのは、【日本一の大鏡】の破片であった。これこそ、【原田大六】が夢にまで見た、弥生時代の倭王のお墓の副葬品であると直感したのである。

(4) それが、【原田大六】と【平原弥生古墳】の【日本一の大鏡】との出会いであった。【原田大六】が、【伊都国】の【平原弥生古墳】で目にして体験したのは、『古事記』に記録されている事柄が、実在の歴史として実証出来うる遺跡と遺物が、沢山あるという事実であった。

(5) 特に『古事記』に記録されている、天孫降臨・三代目の王妃のお墓が、【平原弥生古墳】として発見され、そのお墓には【日本一の大鏡・八咫の鏡】が副葬されていたのである。

(6) 『記・紀』によれば、その、三代目の王妃の名は、実名・【玉依姫】、神格名・【大日孁貴】、神名・【天照大御神】、と呼ばれた【倭の女王】である。

(7) その、実名・玉依姫の、長男は五瀬命、次男は稲氷命、三男は御毛沼命、四男は若御毛沼命亦の名は、神倭伊波禮毘古命である。この、玉依姫の四男の神倭伊波禮毘古命は、『記・紀』によれば東征して、第一代の【神武天皇】になられたと記録されている。

(8) この様に、『記・紀』の記録と、原田大六著『平原弥生古墳――大日孁貴の墓』で明らかになったのは、【神武天皇】の【故郷】は【伊都国】であって、【伊都国】にある【平原弥生古墳】の被葬者◎【玉依姫】は、【神武天皇】の母上であることが、実証されているのである。

2　【伊都国は天皇の故郷】のまとめ

(1)【原田大六】は、昭和二十七年に三十五歳で、『糸島新聞』紙上に、【天皇の故郷】の論文を発表して、少ない資料の中から【伊都国は天皇の故郷】であるという研究を発表していた。

第33図●『天皇の故郷』の表紙（歴史新報社）

(2) その【原田大六】が、昭和四十年に発見された【平原弥生古墳】を、調査主任と成り発掘調査を完了して、その【発掘調査報告書】である、◎【原田大六著『平原弥生古墳—大日孁貴の墓』】の中に、◎【原田大六】が昭和二十七年から、夢にまで見て続けてきた、【伊都国は天皇の故郷】という研究が、この【平原弥生古墳発掘調査報告書】によって、完璧なまでに実証されていることを、読み取ることが出来るのである。

五、【最重要事項】その【肆】

1　【伊都国は天孫降臨の地】

(1) 今までは、現在でも【天孫降臨】の地は宮崎であると殆どの人が信じておられる事であろう。

【著者】も、昭和四十一年七月二十日に発行された、【原田大六著『実在した神話』——発掘された

「平原弥生古墳」——を読むまでは、【天孫降臨】の地は宮崎であると、強く信じていたのである。

しかし、昭和四十年に【著者】は、「平原弥生古墳」の副葬品を拾って、発掘主任の【原田大六氏】に渡したご縁によって、その後【原田大六先生】が永眠されるまでの二十年間、【原田先生】から直接に【貴重な教え】を受ける事が出来た。

その◎【原田大六先生】から教わった◎【貴重な教え】は、

(1)『古事記』の神代史（神話）には、実在した歴史の記録や伝承が記録されている。

しかし、今までは、そして現在でも、『古事記』に記録されている神代史は、実在した歴史の記録ではないと、殆どの人が思われている。

その中で、【原田大六】は、『古事記』の神代史には実在した歴史の記録が含まれている事を指摘した。その証拠として、【伊都国】に実在した、倭王に関係の有る、①三雲南小路遺跡と、②井原鑓溝遺跡と、③平原弥生古墳遺跡の研究を発表している。

そして、この倭王に関係する三遺跡こそ、『古事記』に記録されている【天孫降臨】を実在の歴史として実証出来うる最高の遺跡だ、と【著者】に教えられたのである。

(2)ところが、その『古事記』の【天孫降臨】を、実在の歴史として実証するには、『古事記』の神代史を解読して、理解しなければならない、とも教えられた。

そしてまた、『古事記』の神代史には、『万葉集』の【枕詞】以上の難しい【隠喩や比喩】が沢山使われていることを、理解しなければならないのである、とも教えられたのである。

六、第五章のまとめ

1　【原田大六著『平原弥生古墳──大日孁貴の墓』】の

◎【最重要事項】は、

①【伊都国は日本国家の起原】である。

②【日本国家の起原が八咫鏡】で実証された。

③【伊都国は天皇の故郷】である。

④【伊都国は天孫降臨の地】である。

◇

この第五章では、【原田大六著『平原弥生古墳──大日孁貴の墓』】の発掘調査報告書の【最重要事項】を、表記のように①②③④の四項目を選んで、これに対する証拠物件を提示して来たのである。

これの報告書の細部について、是非この報告書を読んで頂きたい。

⑴そして、第一章から第五章までの記述と論証も、主に弥生時代の【伊都国】の遺跡と遺物と副葬品を中心にして、検証し実証してきた結果である。

⑵◎【考古学者・原田大六】は、何ごとも【起原が重要である】と教えている。【著者】もその教えを継承して、ここまで記述してきたのである。

◇

そして、読者の皆様に、お願いがあります。

◎その願いとは、この報告書の細部については、是非この報告書を読んで頂きたい。この報告書は、福岡県糸島市の図書館や福岡市の博物館でも見ることが出来ます。伏してお願いいたします。

◇

◎【本著書】『日本は太陽の国』

【伊都国】は日本最初の【伊の都】──平原王墓に八咫鏡──では、前記の通り糸島の【伊都国】に実在する、弥生時代の【記録と遺跡と遺物と副葬品】を検証して、『糸島の伊都国は日本国家の起原』であることを実証したのである。

◎その証拠として、『魏志』倭人伝には、糸島の伊都国だけに一番尊い伊都《いのみやこ》という文字が使用されていて、［世々有王］とまで記録されている。その糸島の伊都国に実在した三代目の【倭の女王】・実名【玉依姫】・神格名【大日孁貴】・神名【天照大御神】のお墓である、【平原弥生古墳】の副葬品として、八咫鏡が四面と三個の勾玉と五百個の丸玉が一組と鉄素環頭太刀の他に多くの出土品が発見されている。その副葬品の全ては国宝に指定されているのである。

しかし、現在では、国宝の八咫鏡は五面であると発表されている。原田大六が発掘主任として発表している国宝の八咫鏡は四面である。編集委員会では、これを確認する為に、原田大六著『平原弥生古墳──大日孁貴の墓』の上巻の206ページに、記しているように、

東京国立文化財研究所の馬淵久夫先生と、前東京国立博物館考古室長の西田守夫先生がともに、昭

和六十三年一月二十日と、平成元年九月十三日に、来訪して頂いて、この二人の先生が、三十九面全部の鏡と十二号鏡の破片からも鉛同位対比測定用の資料を採取された。その報告書を、平原弥生古墳発掘調査報告書編集委員会で、発表している。その報告書は、

東京国立文化財研究所　馬淵　久夫
東京国立文化財研究所　平尾　良光
実　践　女　子　大　学　西田　守夫

の、三名の先生の名前で、出された報告書で、八咫鏡は四面である事を確認して、その詳細を、原田大六著『平原弥生古墳―大日孁貴の墓』の上巻の206ページと207ページに発表しているのである。八咫鏡は「五面である」と発表されている先生は、この三名の先生の報告書と何処が違うのかを、教えて頂きたい。この問題は、たった一面の違いではあるが、日本の実在した歴史の解明には重要な問題を含んでいるのである。

この様な問題に、沖の島の発掘調査の時、宗像神社復興期成会長　出光佐三氏は、正しいか正しくないかを、強く追求して解決されている。

平原弥生古墳発掘調査報告書編集委員会委員の【著者】は、八咫鏡は四面なのか五面なのかを、正しく追求してくれる人を切望しているのである。

◇

◎そして、毎年十月二十日午前六時三十分までに、これの【平原弥生古墳】に来訪されると。東方

第34図●右上に「平原王墓」、左上に「平原王墓の案内」撮影：三苫節代

の日向峠《ひなたとうげ》から顔を出す太陽の光と【平原弥生古墳】の被葬者が一体になれる情景に立ち会えることを、多くの皆様に紹介したい。その慰霊の為に、地元ではコスモスの花を咲かせて、皆様のお出でをお待ちしています。

以上で、『日本は太陽の国』

第一部　伊都国は日本最初の【伊の都】——平原王墓に八咫鏡——を、終了する。

◇

◎　次からは、『古事記』の【神代史を主体】にして、そこに記録されている文章を【意訳】し、その意味内容を知って、それを実証出来うる【証拠物件の有無】を検証していくことにする。

◎　その【神代史の意訳】には、『万葉集』の【枕詞】以上の難しい【隠喩や比喩】があることを知ることが重要である、と【原田大六】は教えている。

◎　そこで、『古事記』の【意訳】に入る前に、『万葉集』の【枕詞】を【二首】だけ、取り上げることにする。

附章　『万葉集』の【枕詞】

一、【枕詞】の◎【玉手次】

◎「たまだすき」
この【玉手次《たまだすき》】は、「かく」にかかる【枕詞】であるといわれている。

『辞典』を見ると。

［枕詞（まくらことば）は、主として和歌にみられる修辞用語で、一定の語の上にかかって、ある種の情緒的な色彩を添えたり、口調を整えたりするのに用いられるが、主想とは直接に意味的な関係のない語である。］（『古語辞典』旺文社）と書かれている。
◎【玉手次】が【枕詞】であり、主想とは直接に意味的な関連がない語であるとするならば、次の『万葉集』の歌は一体どう理解すれば良いのであろうか、理解に苦しむのである。

◎物に寄せて思いを陳ぶる（寄物陳思歌）

玉手次　掛けねば苦るし　（玉手次　不懸者辛苦）

掛けたれば　（懸垂者）

継ぎて見まくの　欲しき君かも（続手見巻之　欲寸君可毛）

（『万葉集』巻十二・二九九二）

【玉手次】が【枕詞】であって、掛けねば苦るしという主想と、直接に意味的な関連がないとすれば、この歌を作った本人は何が苦しいのか、その苦しみの内容がさっぱり分からないのである。その次の句である、【掛けたれば】に到っては、【玉手次】を掛けたと思われるが、その【玉手次】が直接に意味的な関連がないとすれば、なぜ次の【見たい欲望】が起きるのか、これも又さっぱり分からないのである。

この歌では、どうしてもこの【玉手次】の意味を解読しないことには、この歌を理解することは出来ないのである。

◎【原田大六】は、この「たまだすき」について、次のように書いている。

「玉襷《たまだすき》懸けのよろしく（珠手《たまた》次《すき》　懸乃《かけの》宜久《よろしく》）――「玉襷」の「玉」は「霊《たま》」のことである。遠行（旅）にのぞんで、夫婦は常にお互いの魂を招き合った。これを「招魂《たまふり》」といった。招魂し合うことによって、遠行者はつつがなく郷里に帰還できるものと神かけて信じていた。その神は天神地祇で、両神が陰陽交会して霊験があらわれると考えられていた。この祈祷に際して懸けたのが襷で、背中の交会線に神霊が降ると考えたので、神事・葬儀等で使用するのを「玉襷」といった。」と、原田大六著『万葉集点睛』巻第一（上）46ページに書いている。

◎「たまだすき」は「玉手次」・「玉襷」・「珠手次」である。その「玉と珠」は「霊《たま》」であり、「魂《たま》」のことでもある。

◎【著者】は、次の「たすき」は、「手次」のことであり、漢字の意味の通りに人間が手を次《つな》ぐ事で、手をつなぐ事と考えた。しかし、人間が手をつなぐにしても色々な方法がある。魂と関係の深い、手をつなぐ形はどんな方法であろうか。横の人と手をつなぐのも一つの形であり、前の人と握手するのも、手をつなぐ一つの形である。他にもう一つ忘れてはならない、魂と魂を強力に結びつける、手をつなぐ形がある。それは恋し合った男女がお互いに相手の背中で、自分の右手と左手をしっかりつなぐ形である。これは恋し合った男女が確り抱き合う形である。恋し合った男女が確《しっか》り抱き合うことは、正に男女の陰陽交会であって、これ以上の魂と魂を強力に結びつける、手をつなぐ形は他にはない。

第35図●襷の交会。巫女像埴輪〔群馬県邑楽郡出土、古墳文化後期（6世紀）〕原田大六著『万葉集点睛〔一〕』より

この男女が確り抱き合った形を透視すると、その二人の四本の手が、襷状に交差しているのが分かる。この男女が、確り抱き合って陰陽交会している形を、象形化したのが、【玉手次】であった。ここに【玉手次】の本当

の意味が分かったところで、前の2992番の万葉歌を見ることにしょう。

1、玉手次　掛けねば苦るし

◎【著者】の【意訳】

イ、恋しい貴方と、しっかり抱き合うことが出来なければ苦しい。

ロ、恋しい貴方と結ばれるように神の霊と私の魂を結ぶ【玉手次】を掛けて、神に祈願しなければ苦しい。

この歌は、イとロの二つの意味があることによって、物に寄せて思いを陳《の》ぶる、と言う表題になっている。

又、【玉手次】を掛けて神に祈願する意味は、神の霊と祈願者の魂とが一体になって、祈願者の願いを神に聞き届けてもらい、祈願者の願望が達成出来るようにとの手段であったと考えられる。

2、掛けたれば

イ、望みが叶って、恋しい貴方と抱き合うことが出来たならば、

ロ、【玉手次】を掛けて、貴方と一緒になれるように、神に祈願することが出来たならば、

この句も、イとロの二つの意味がある。このように古代における隠喩は多く使われていて、その意味が分かって見れば、その歌の中に人間本来の切実な感情を知ることが出来るのである。

3、継ぎて見まくの　欲しき君かも

イ、一度あることは、二度三度続けて逢いたい、見たい、抱き合いたい、恋しい貴方であります。

ロ、次にはすぐにお逢いして、祈願の成果を見たい思いでいっぱいの、私にとっては大切な貴方であります。

◎［この歌の大意は］

イ、恋しい貴方と、しっかり抱き合うことが出来なければ苦しい。望みがかなって、抱き合うことが出来ましたならば、一度あることは、二度三度続けて逢いたい、見たい、抱き合いたい、恋しい貴方であります。

ロ、恋しい貴方と結ばれるように、神と私を結ぶ【玉手次】を掛けて、神に祈願しなければ苦しい。【玉手次】を掛けて貴方と一緒になれるように、神に祈願することが出来ましたならば、次にはすぐにお逢いして、祈願の成果を見たい思いでいっぱいの、私にとっては大切な貴方であります。

◎この歌は、【玉手次】に含まれている意味を理解することによって、初めて恋する乙女の気持ちが実直に伝わってくるのであって、【玉手次】を意味のない飾り言葉としたならば、何がなんだか分からない歌になってしまうのである。

それにしても、イとロの二つの解釈の内、貴方や貴女はどちらの解釈を取られるであろうか。私は、ロがすぐに実行したい気持ちであり、イがその成果として、実現したい願望ではなかったろうかと思案するが、実際にはどうであったであろうか、恋する気持ちが良く表現された歌である。

二、【枕詞】の、◎【足檜乃《あしひきの》】

◎「あしひきの」

◎【著者】が、この「あしひきの」という【枕詞】を知ったのは、昭和六十年に恩師・【原田大六先生】が永眠された後であった。

【原田先生】は【平原弥生古墳の発掘調査報告書】を【完成しなければ、死ぬにも死ねない】と言って、永眠された。

しかし【原田先生】は、その【平原弥生古墳遺跡発掘調査報告書】を完成する為の見事な【副葬品の現物とその研究資料】を、二十年間の歳月を掛けて、自宅の三つの部屋に準備されていたのである。その、三つの部屋の一つに「書庫」があった。その「書庫」に「新聞の切り抜き帳」があって、その中に「西日本新聞」の切り抜きがあり、その【記事の表題】が、

◎【足引きの赤提灯】であった。

この記事は、「西日本新聞社」の記者が、【原田大六先生】のお宅に行って、【原田先生】から直接に、『万葉集』の【枕詞】である【足引き】という言葉の【意味する内容】を教わって書いた、【新聞記事】であった。その記事の詳細は現在手元にないので、【著者】が思い出して要約すると、

◎「現在の社会を参考にして、【足引き】という言葉が、どの様な情況の時に使われるのかを紹介し

よう。若い夫婦がいて、夫が朝家を出るときに、奥さんが「今日は子供の誕生祝いをしますから、早く帰って来てね」と言われる。それを聞いて会社に行った夫は、夕方友人と一緒に会社から帰っているると、居酒屋の赤提灯が目に入る、心には妻の声が気に掛かってはいるが、自分の足が思わず、赤提灯に引かれる。この様な情況の時に【足引きの赤提灯】と言う言葉が発生するのである。」と、この様な記事の内容であった。

◎【著者】は、この記事を読んで、『万葉集』の【枕詞】である、【足引き】という言葉の意味は、本当に分かり易いと思ったのである。

しかし、『万葉集』の歌の中で使われている、数多くの【足引き】という言葉の意味が、全て【足引きの赤提灯】の様に分かり易い言葉になっているのであろうか、それが心配になって、正しく検証することにした。

◎その、検証のための参考書は、1『万葉集』―各句索引・橘書房と、2『万葉集』日本古典文学全集・小学館、の二冊である。

先ず一冊目の、「各句索引」を見て吃驚したのは、『万葉集』の中に、【あしひき】と言う【枕詞】がある歌は、一一二首もある。と記されている事であった。

その、一一二首の歌の第一首目に、あった【枕詞】は、

◎【あしひきの―あらしふくよは】

(『万葉集』巻十一・二六七九番)

であったのである。

◎【著者】は、自分の目を疑《うたが》った。【足引きの嵐吹く夜は】と記されている。この言葉をそのまま解読すると【嵐吹く夜は】・【足が引かれる】と読める。しかし、実際に【足が引かれる】・【嵐吹く夜は】とはどの様な夜なのであろうか、想像をもつきかねたのである。

そこで、二冊目の参考書・『万葉集』日本古典文学全集（巻等十二）・小学館の246ページにある（二六七九番）の歌を見ることにした。

◎『万葉集』・窓超尓《まどごしに》　月臨照而《つきおしてりて》

窓越《まどご》しに　月おし照りて　（窓超尓《まどごしに》　月臨照而《つきおしてりて》）
あしひきの　（足檜乃《あしひきの》）
あらし吹く夜《よ》は　（下風吹夜者《あらしふくよは》）
君をしそ思《おも》ふ　（公平之其念《きみをしそおもふ》）
（『万葉集』巻第十一・二六七九）

と記されている。

これを読んで、【著者】は又驚いたのである。「窓越しに　月おし照りて」の自然現象が、どうして「あらし吹く夜」と関係があるのか、そして又、「あしひきの」と「あらし吹く夜」との関係が、全然分からないのである。そこで、

【日本古典文学全集・小学館】の【語訳】を読むと、

＊窓越しに　月がさし込み（あしひきの）あらしの吹く夜は　あなたのことを思う
と記述されている。
これを読んで、【著者】は又々驚いたのである。
イ、「窓越しに　月おし照りて」に対し
【語訳】は、＊「窓越しに　月がさし込み」になっている。
ロ、「あしひきの　あらし吹く夜は」に対し
【語訳】は、＊「(あしひきの) あらしの吹く夜は」になっている。
ハ、「君をしそ思う」に対し
【語訳】は、＊「あなたのことを思う」になっている。
この【小学館の語訳】を読んで、【著者】が特に驚いたのは、
ロ、「あしひきの　あらし吹く夜は」の【枕詞】に対して、
＊「(あしひきの)」とされているだけで、原文のまま、少しの【語訳】もなされていないことであった。
◎【原田大六】は、【枕詞】にこそ歌の一番大切な、感情や情景が言葉になっている、と教えている。
又【枕詞】に含まれている、【隠喩や比喩】の解読なしには、その歌の本当の意味は、理解出来ないのである、とも教えている。

そして、その【枕詞】に含まれている【隠喩や比喩】の内容が分からない時には、⑴誰が、⑵どの様な情況で、⑶何時、⑷何処で、⑸どの様な気持ちを歌にしたのかを、歌を詠んだ本人の気持ちにな

第36図●月光の風景

って、「その歌を何回も読んで」考察することが、非常に大切だと教えている。

◎【著者】は、（『万葉集』巻十一・二六七九番）を何回も何回も読んで、次のように答えを出した。

(1) 誰が、の答えは、

ハ、君をしこそ思うの、君は男性で、思う本人は女性だと、答えを出した。

(2) どの様な情況で、(3) 何時、(4) 何処で、の答えは、

イ、窓超しに　月おし照りて、(2)（という情況の）、(3) 何時（夜に）、本人の女性は、(4) 何処に（窓の内側の部屋に）、いたのであると考察した。

(5) どんな気持ちで歌にしたのか、の答えは、

ロ、足引きの、とは、どんな気持ちかを考えることが解決に導いてくれる。

◎【著者】が考察するには、［本人が居る部屋の外から、満月の光が、部屋の内にまで押し入って光っている。【さぞかし窓の外は見事な風景で有ろう】と、歌を詠んだ本人の女性は思ったと推定される。］

その結果本人は、部屋の【外の美しい夜の風景を見たい】と思ったであろう。

その為には、自分の足で外に出たい、と言う気持ちが、【足引きの美しい風景の夜は】になっている。

と【著者】は考察したのである。しかし、歌の本文は【足引きの　あらし吹く夜は】になっている。

かつて、【原田大六】から【著者】は、［糸島方言］について教わった事がある。その［糸島方言］の中に、自分の【気持ちを表現】する言葉として、体の一部を使った【隠喩や比喩】があることを知ったのである。

その中の例を二《ふた》つ上げると、

1、［方言］腹ん立つ【標準語】（怒る・恨む）

2、［方言］腹ん太か【標準語】（度量がある・心が広い）

このように、【腹】という体の一部を使った［方言］の【隠喩や比喩】語を作って、【自分の気持ちや心の動き】を人に伝える方法がある事を知ったのである。そこで、

◎【著者】が注目したのは、

1、【足引きの　あらし吹く夜は】に対して、

◎【著者】の答えは、

2、【足引きの　美しい風景の夜は】であった。

この二つの、⑴【あらし吹く夜は】と、⑵【美しい風景の夜は】との言葉の違いの中に、この歌を詠んだ【本人の心の動き】を表現する譬《たと》え言葉がある。と【著者】は考察した。

そこで分かったのは、歌を詠んだ本人は、部屋に差し込む月の光りを見て、【月光に輝く美しい夜の風景】を、自分で外出して【見たい・体験したい】という、強い［心の気持ち］を【言葉にした】のが、

◎【足引きの】外に出たいという、【心の嵐】が吹く夜はの譬え言葉であった。と気が付いた。
◎正に【心の嵐】とは、【月光に輝く美しい風景】を見て体験したいと思う、本人の心が［嵐のように］揺れ動く気持ちを、譬え言葉にしたのが【心の嵐】であったと想察される。そして、
ロ、【足引きの　嵐吹く夜は】の歌詩になっている。と【著者】は推定したのである。そしてこの歌は、
ハ、君をし［そ］思う【公平之其念《きみをしそおもふ》】と言う結果で終わっている。
ここで本人の女性が、夜の時間に君と呼べる相手は、恋人であったと推定される。では、なぜ彼女は、
イ、窓腰に　月押し照りて
ロ、足引きの　あらし吹く夜は・（外に出たいという【心の嵐】吹く夜は）
ハ、この時彼女は、どうして【君をし［こそ］思う】のであろうか。
◎【著者】が思うには、当時は、月光で外は明るいと言っても、女性の夜の一人歩きは、出来ない時代であったと推定される。
そこで彼女は、【この様な時に［こそ］、恋しい貴方と二人で散歩したい】と思う強い気持ちが、この【足引きの（心の）あらし吹く夜は】の次に☆君をしそ思う【公平之其念《きみをしそおもふ》】という歌詩になっていると推定されるのである。

三、万葉集・【枕詞】のまとめ

◎『万葉集』の【枕詞】は、以前から・現在でも、【飾り言葉で深い意味は無い】とまで言われて、多くの著書も、そのように記録されているのである。
その中にあって【原田大六】は、『万葉集』の【枕詞】にこそ、その歌の大切な本当の【情況や感情】が、【隠喩や比喩】語になって記されている。と強く指摘しているのである。
◎この『万葉集』の歌の中にある、「玉手次《たまだすき》　不懸者辛苦《かけねばくるし》」と「足檜乃《あしひきの》　下風吹夜者《あらしふくよるは》」この、二つの【歌詞】・【枕詞】を検証した。
そして分かったことは、【原田大六】が指摘しているように、【枕詞】とその【枕詞】に掛かる言葉には、【隠喩や比喩】が多いことが分かって、その答えをだしたのである。
◎次に【著者】が検証し【意訳】しようとしている、『古事記』の神代史に、【原田大六】は、『万葉集』の【枕詞】以上に難しい【隠喩や比喩】が、沢山ある事を覚悟して掛からなければならない、と強く指摘しているのである。

（了）

あとがき

例えば、記録があって、証拠物件が実在していても、☆その真実を＊理解しない人、また＊理解出きない人、また＊無視する人もいるのである。

本著書は、田舎の農民であった【著者】・井手將雪が書いた、取るに足らない著書であると思わないで欲しい。【著者】は、考古学者【原田大六】の教えである、☆物事を理解するには、その、【原点を知ってから】、＊後【全体を知る必要がある】、と言う【強い教え】を守って、本著書・『日本は太陽の国』第一部 伊都国は日本最初の【伊の都】——平原王墓に八咫鏡——を書き上げたのである。

その一は、『魏志』倭人伝の記録、伊都国に【丗有王皆統属女王国】を原点にして、その後・全体を検証して新しく知り得たことを、書いたのである。

その二は、『古事記』に記録されている、天孫降臨の伊都の文字を原点にして、伊都国に実在した

☆倭王墓に関係のある☆遺跡と遺物と副葬品を検証して知り得た事は、日本で最高の国宝である【三種の神器】の頂点に立つ【八咫鏡】が四面【平原弥生古墳──大日孁貴の墓】に副葬されていた【事実】についてであった。この事を詳細に検証して書き上げたのが本著書である。

どこか、間違いがあれば、教えて欲しい、伏してお願いする次第である。

本書の執筆にあたり、原田大六記念館館長・月潭眞龍氏には、貴重な関連資料を快くご提供いただき、ひとかたならぬご協力をいただいた。また伊都国平原王墓保存会の三苫節代氏と、阪口宗規氏には、忙しいなか、文章の細部にわたるチェックをいただき、作業期間全体にわたって励まし続けていただいた。深く感謝する。

原田大六先生のもとで学ぶという希有な僥倖を得た私は、それを研究成果として世の中に返していかなければならない。その思いは年月を経るごとに深まっていく。

令和四年十二月二十日

井手將雪

日本は太陽の国

——索引

I 神名、人名、地名索引

◆あ　行

◆か　行

◆さ　行

◆た　行

◆な　行

◆は　行

◆ま　行

◆や　行

◆わ　行

II 事項索引

◆あ　行

◆か　行

◆さ　行

◆た　行

◆な　行

◆は　行

◆ま　行

◆や　行

◆わ　行

●［写真・図版について］

「原田大六先生関連資料」の写真・図版は、原田大六記念館の月潭眞龍館長により、本著のために特別に提供いただいたものである。なお、撮影者・作成者名の記載のない写真・図版は、編集部で撮影もしくは作成した。

井手將雪《いでまさゆき》

一九二三年　福岡県生まれ

一九六五年　平原弥生遺跡の調査を行なう原田大六氏と出会い、考古学を学ぶ。

原田大六氏が亡くなったのち、平原弥生古墳調査報告書編集委員として『平原弥生古墳—大日孁貴の墓』（原田大六著）の制作に携わる。

（主要著作）

・『倭女王—大日孁貴の墓』（近代文芸社、一九九六年）

・『日本国家の起原と銅剣・銅矛・銅戈・銅鐸の謎』（日本国書刊行会、一九九七年）

・『日本国家の起原と天孫降臨—天孫は奴国から伊都国へ降臨した』（海鳥社、二〇一四年）

ISBN978-4-901346-74-0

日本は太陽の国
❶伊都国は日本最初の【伊の都】

二〇二三年（令和五）三月十日　初版第一刷発行

著者　井手將雪
発行者　遠藤順子
発行所　図書出版のぶ工房
〒八一〇-〇〇三三
福岡市中央区小笹一丁目十五番十号三〇一
電話（〇九二）五三一-六三五三
ＦＡＸ（〇九二）五二四-一六六六
郵便振替　〇一七一〇-七-四三〇二八

造本設計　遠藤薫デザイン研究室
印刷製本　モリモト印刷株式会社